斯瑟蒂克
经典胎教智慧

王芳亭/编著

Sithedick

中国人口出版社
China Population Publishing House
全国百佳出版单位

图书在版编目(CIP)数据

斯瑟蒂克经典胎教智慧／王芳亭编著．—北京：中国人口出版社，2013.10

ISBN 978-7-5101-2040-4

Ⅰ．①斯…　Ⅱ．①王…　Ⅲ．①胎教—基本知识　Ⅳ．①G61

中国版本图书馆CIP数据核字（2013）第233708号

斯瑟蒂克经典胎教智慧

王芳亭 编著

出版发行	中国人口出版社
印　　刷	北京盛兰兄弟印刷装订有限公司
开　　本	820毫米×1400毫米　1/24
印　　张	10
字　　数	200千
版　　次	2013年10月第1版
印　　次	2013年10月第1次印刷
书　　号	ISBN 978-7-5101-2040-4
定　　价	36.80元
社　　长	陶庆军
网　　址	www.rkcbs.net
电子信箱	rkcbs@126.com
总编室电话	(010) 83519392
发行部电话	(010) 83534662
传　　真	(010) 83515922
地　　址	北京市西城区广安门南街80号中加大厦
邮政编码	100054

前言

普通家庭也可以培养出天才

近些年来，胎内教育的认知已经十分普及。有一定知识层次的父母开始意识到，胎教对孩子的重要性。

其实胎教自古就有，而且也不乏成功的案例。而要说最成功的胎教，无疑是美国的斯瑟蒂克夫妇，这对智商正常的普通夫妇，先后孕育了四个天才儿童，这不得不说是一个奇迹。斯瑟蒂克夫妇是怎么做胎教的呢？他们的胎教方式可不可以为我们所用？这是即将为人父母的我们的疑惑。

基于这样的需求，本书对斯瑟蒂克胎教理论中的真知灼见进行了解读，并提供了切实可行的操作方法，怎样保持好情绪？孕期怎么吃对胎宝宝更有益？准爸爸可以做哪些胎教？怎么跟胎宝宝做语言胎教、音乐胎教、美育胎教？怎么用闪光卡片帮助胎宝宝学知识？

翻开这本书，你可以找到所有的答案。

需要提醒准父母的是，不要急于求成，不要带着孕育神童的期待进行胎教。之所以给孩子进行胎教，并不是为了要孕育一个了不起的神童，让他将来出人头地，而是为了孕育一个性格开朗、有健全人格的聪明宝宝。父母所有的努力都是为了让宝宝在今后能更好地成长为一个幸福的人。

此外，在宝宝出生后，一定要巩固胎教成果。教育宝宝需要持之以恒，怀孕时的胎教重要，出生后的教育更为重要。如果没有出生后的巩固，孕期10个月的胎教效果便不会那么明显。

那么，现在就跟斯瑟蒂克一起学习成功的胎教方法吧！

Part 1

斯瑟蒂克胎教智慧解读

Part 2

第1个月（1~4周）

斯瑟蒂克说胎教

Part 3

第2个月（5~8周）

斯瑟蒂克说胎教

Part 4

第3个月（9~12周）
斯瑟蒂克说胎教

Part 5

第4个月（13~16周）
斯瑟蒂克说胎教

Part 6

第5个月（17~20周）

斯瑟蒂克说胎教

Part 7

第6个月（21~24周）

斯瑟蒂克说胎教

Part 8

第7个月（25~28周）

斯瑟蒂克说胎教

Part 9

第8个月（29~32周）

斯瑟蒂克说胎教

Part 10

第9个月（33~36周）

斯瑟蒂克说胎教

Part 11

第10个月（37~40周）

斯瑟蒂克说胎教

Part 12

斯瑟蒂克教你巩固胎教成果

Part 1

斯瑟蒂克胎教
智慧解读

Sise Dike Taijiao Zhihui Jiedu

夫妻双方必须心心相印，如果你不爱对方，那么，胎教的基础从一开始就是脆弱的。当夫妻间存在不稳定的因素，或者有一触即发的危机感时，应该避免怀孕。

见证斯瑟蒂克家的胎教奇迹

斯瑟蒂克：每时每刻把深深的爱倾注在你腹中的胎儿身上吧！

没有什么比成功的案例更让人信服。这是一个奇迹，这个奇迹由一个普通家庭的一对普通夫妇创造。斯瑟蒂克夫妇认为，他们并没有做什么特别的事情。他们所做的，无论是谁，只要想做都能做得到。因此，翻阅本书的你，同样也能做到。

四个天才女儿出自一个家庭

斯瑟蒂克夫妇是美国一对普通夫妇。他们通过完美的胎教，先后培养出四个天才女儿：大女儿5岁时，便从幼儿园一下子升到高中一年级，10岁便成为当时全美最年轻的大学生，其他三个女儿也同样优秀。四个孩子的智商都在160以上（通常智商达到140就被认为是天才），都被列入了仅占全美5%的高智商人士的行列。

斯瑟蒂克式胎教法

“你把听到的、看到的、想到的事物通过自己的声音、身体变化、心理状态传递给胎宝宝，接受了这一切的胎宝宝在出生时就会具有某种素质。”也就是说，在怀孕期间，要对胎宝宝给予极大的关注，为他付出满腔的爱。

小贴士

如果功利性太强，反而会使胎宝宝感到是被迫的，效果可能适得其反。斯瑟蒂克夫人一直反复强调，他们并不是为了要生一个“天才儿童”才进行胎教的，而是想让孩子今后的人生过得更加幸福和有意义。

了解胎宝宝的巨大潜力

斯瑟蒂克：也许胎儿还蕴藏着现在还是未知数的某种能力呢。我们应该抱着将那些能力全部开发出来的强烈欲望，进行胎教。

不用怀疑，胎宝宝个个都是学习的天才。美国著名的医学专家托马斯的研究结果表明，胎宝宝在6个月时，大脑细胞的数目已接近成人，各种感觉器官趋于完善，对母体内外的刺激能做出一定的反应，如果实施积极的影响，胎宝宝的智商将显著提高，呈现很多不一样的特征。这说明，胎宝宝在出生前就具有惊人的能力！只要你用心去实践，就会收获意料不到的惊喜。

经过良好胎教的宝宝有哪些特征

除了准妈妈的内外环境对胎宝宝的影响外，胎宝宝的发育特性也给胎教的实施提供了有力的科学依据。

无论是早在20世纪80年代美国研究出的数据，还是我国著名育儿专家的评测，均表明经过胎教后的宝宝，在以下几个方面表现突出：

1 情绪稳定，容易安抚，容易养成晚上睡白天醒的良好生活习惯。

2 视听、注意能力优秀，继续进行感觉教育后说话时间较早，说话能力较强，能较早地理解语言。

3 性格活泼，对陌生环境的好奇心强，容易接受新的知识。

4 运动与感觉系统发育较早，吸吮手指的能力、手的握力及四肢运动能力强，动作协调性好。

5 对音乐敏感、音感准确，在睡前播放以前听过的音乐，能很快入睡。

6 记忆力好，学习兴趣高，学习能力惊人，智能得到超常发展。

小贴士

受过胎教的宝宝会具备一定的优势，但出生后仍需要巩固。如果宝宝出生后不继续给以发音和认物训练，胎教的影响在6～7个月时就会消失，因此要做好胎教与早教的衔接工作。

解读斯瑟蒂克情绪胎教

斯瑟蒂克：准妈妈的情绪不安和精神紧张，对大人本身来说或许无关紧要，但对生长迅速、发育过程复杂的胎儿来说却是举足轻重的。所以，胎教的第一步首先在于母亲应持有什么样的情绪。要想有效地实践“斯瑟蒂克式胎教法”，这一点是最基本的，它是“激素”，也可以说是“润滑剂”。

准妈妈的情绪可以通过神经递质的作用影响到胎宝宝。当准妈妈无忧无虑、幸福快乐时，这种良好的情绪会促进胎宝宝大脑的发育，让宝宝将来有较高的智商；而如果准妈妈情绪低落、不安，将对胎宝宝处于敏感期的神经系统的发育不利。

因此，整个孕期，准妈妈都要力求保持好的情绪，情绪胎教是斯瑟蒂克胎教成功的基本。

情绪不好的时候建议你深呼吸，放松；还可以利用看一些轻松搞笑的节目，读一则小笑话或者找家人倾诉等来调适心情。

小贴士

在孕早期，准妈妈要特别注意加强营养，还应注意多摄取富含叶酸的食物，每天的饮食中要包含叶酸丰富的新鲜蔬果。如果需要，可以在医生的指导下补充叶酸制剂。均衡而丰富的营养会给脑细胞和神经系统一个良好的生长环境。

解读斯瑟蒂克语言胎教

斯瑟蒂克：作为准妈妈，如果在孩子诞生前这一重要时期无所作为，那是多么可惜啊！

对话胎教随时随地都可以进行。在准妈妈开始做家务前，你可以先抚摸一下腹部，跟胎宝宝说：“宝宝，现在我们开始做家务了。”然后，做好必要的防护措施，比如戴上胶皮手套、口罩，穿上防滑鞋等，再开始做家务。

在洗碗时，准妈妈可以边洗边告诉胎宝宝你今天吃了什么菜，这些菜对身体有什么好处，怎样洗碗才能更干净更卫生等。打扫房间时，准妈妈可以跟胎宝宝讲一讲家里是什么样子，你在家里的感受等。

在准妈妈外出游玩的时候，准妈妈可以告诉胎宝宝，这里有蓝的天、绿的树，还有好看的蝴蝶，蝴蝶是由虫茧变化而来等。

总之，只要准妈妈觉得说给宝宝听很快乐，那么就让这种快乐继续。

小贴士

千万不要勉强自己一直说，如果准妈妈觉得说累了，不妨停下来。要知道，勉强的语气会降低胎教效果。

解读斯瑟蒂克美育胎教

斯瑟蒂克：你可以把杂志上的照片、插图剪下来，或者贴上有色彩的纸，拼成风景和人物图之类。总之，方法很多，目的不在于完成后是否漂亮、精致，而在于你在制作过程中显示的独创性和反复讲给胎儿听时的想象力对胎儿所起的作用。

同样十月怀胎，宝宝的气质却天差地别。这种差别与准妈妈在孕期是不是有良好的感受，并将感受传递给胎宝宝有很大关系。

在怀孕期间，斯瑟蒂克经常会在一些画册中，感受那些赏心悦目的色彩和独特的构思，并将这些讲给腹中的胎宝宝听。因为准妈妈的子宫是胎宝宝生长的第一个环境，这个小小的生命在这里直接感受母亲的各种情感。而且，胎宝宝与准妈妈有心灵感应。当准妈妈在欣赏美好的东西时，胎宝宝能感受到来自妈妈的美好，那颗小小的心也会被同化。

医学研究也已经证实，内分泌会根据心情来调整准妈妈血液中的化学成分，从而通过血液循环对正处于形体和神经发育关键时期的胎宝宝进行刺激，间接地建立起准妈妈与胎宝宝之间神经信息的传递，因此，准妈妈与胎宝宝其实是“同心同体”的，拥有共同的情绪及情感。

所以，准妈妈在孕期要多欣赏美好的东西，多给胎宝宝传递美好的情感，这种情感将对胎宝宝气质的形成产生积极的意义。

小贴士

准妈妈切忌大悲大怒，更不要吵骂争斗。妊娠早期，如果受到惊吓、恐惧、忧伤、悲愤等严重刺激，或其他原因造成的精神过度紧张，会对胎宝宝产生不良影响。

解读斯瑟蒂克音乐胎教

斯瑟蒂克：我曾听祖母讲过这样一件事情：斯拉夫女性在怀孕时，会坐在摇椅上，把手放在腹部给胎儿唱祖先传下来的歌曲。

在怀孕6个月以前，音乐胎教一般是准妈妈听，并将美好的感受传达给胎宝宝来达到音乐胎教的效果。到第6个月时，胎宝宝的听力几乎和成人接近，他能感受到音乐节奏的旋律，体会到美感，因此这个阶段正是对胎宝宝进行音乐胎教的良好时机。

进行音乐胎教要注意

1 要有感情地听。音乐就是情感，通过准妈妈的音乐体验，胎宝宝可以在情绪上与你达到和谐与平衡。

2 采取最自然的听法。应该让胎宝宝通过最自然或近似于与生俱来的方式听到音乐，而不是刻意为之，比如强行使用传声器、刻意调到最大音量、将录音机贴在腹部等。

3 将自己对音乐的理解传递给胎宝宝。你在听音乐时，可以将自己的理解（可以是对音乐本身或者由此而联想起来的生活）讲给胎宝宝听，效果会更好。

4 不要使用高频音。一般，音频应在2000赫兹以下，声音不要超过85分贝，多听一些优美舒缓的音乐，另外节奏太快的音乐也是不适合的，比如摇滚乐。

5 不要从早到晚地放音乐。一般 5～10分钟的长度比较合适，不然容易导致宝宝听觉神经和大脑疲劳，可以每天多听几次，每次时间控制在数分钟内。

小贴士

听世界名曲是一种不错的音乐胎教方法，但并不是所有的世界名曲都适合胎宝宝听，那些舒缓、欢快、明朗的乐曲才是好选择，而且选曲也会因人因时而有所不同，如在孕早期更适合优雅的曲调，孕中晚期则多听明朗、欢快的乐曲比较好。

解读斯瑟蒂克营养胎教

斯瑟蒂克：我本人怀孕时，在饮食方面是十分注意的。约瑟夫还常常看一些有关营养的书，并提一些很好的建议。

在孕期，准妈妈的身体会发生较大的变化，不仅体重增加，血容量也在增加，同时还可能因为身体变化，经历孕早期的孕吐、食欲缺乏，孕中期的几乎无时不在的饥饿感，孕后期的痔疮、便秘等，所以，准妈妈的饮食讲究就变得多起来了。而与此同时，胎宝宝正处于人生中第一个高速发展时期——他将在胎儿期发育完成大部分的功能器官和大脑，最终从一个细胞发育成一个可爱的小婴儿——这些都需要准妈妈通过饮食摄入充分的营养，来满足胎宝宝生长发育的需求。

小贴士

胎宝宝中枢神经系统的发育需要充足的蛋白质。在准妈妈以后的孕期中，补充蛋白质的量需要逐渐增加。一般，孕早期每天摄入量应比平常多5克，孕中期多15克，孕晚期多20克。

解读斯瑟蒂克闪光卡片胎教法

斯瑟蒂克：真正使用“闪光卡片”作为胎教教材，是从怀孕第5个月开始的。内容包括：英文字母的大小写，还有数字以及用这些数字进行加法、减法、乘法、除法时的算式等。我规定自己每天教的字母不超过5个。

闪光卡片就是用色彩笔写上字母、文字、数字的纸片。制作卡片时，因为在色彩上很醒目，因此我们将它称作闪光卡片。闪光卡片可以帮助你强化意念和集中注意力，并让你获得明确的视觉感，从而获得比较好的胎教效果。

小贴士

在教胎宝宝学习前，准妈妈要保持平静的心情，这样才能更好地集中注意力，让感觉与思考和胎宝宝吻合。准妈妈不妨先进行一下深呼吸，或者做一些能让自己平静下来的其他事情。

斯瑟蒂克胎教计划参考

0~4个月胎教内容计划表

胎教时间	胎教内容
早上起床，晚上睡觉前	向胎宝宝问早上好、晚安（准爸爸和准妈妈一起问候）
清晨、工作间隙、晚饭后或者边工作边进行	听胎教音乐，哼唱你喜欢、熟悉的歌曲
随时随地	和胎宝宝聊天，包括所有你听到的、看到的、想到的事物
休息时间或者当你想要换换脑子、平静心情时	读一些你喜欢看的书，或者让你静心的小文章
清晨、工作间隙、晚饭后	做一些散步、瑜伽、体操等运动
清晨、晚饭后、周末	准爸爸讲自然、社会、科学等百科知识以及自己的见闻、兴趣、工作等

5~10个月胎教内容计划表

胎教时间	胎教内容
早上起床、晚上睡觉前	向胎宝宝问早上好、晚安（准爸爸和准妈妈一起问候）
清晨、工作间隙、晚饭后或者边工作边进行	听胎教音乐，哼唱你喜欢、熟悉的歌曲
随时随地	和胎宝宝聊天，包括所有你听到的、看到的、想到的事物
休息时间或者当你想要换换脑子、平静心情时	读一些你喜欢看的书，或者让你静心的小文章
清晨、工作间隙、晚饭后、睡觉前	给胎宝宝读胎教故事、童谣、唐诗，或者你自己创作的小儿歌等
清晨、晚饭后、周末	准爸爸讲自然、社会、科学等百科知识以及自己的见闻、兴趣、工作等

营造舒适的内外环境

斯瑟蒂克：在计划怀孕的日子里，夫妻双方要尽可能地放松身心，多做一些有趣有益的活动，尽量减轻生活所带来的心理压力，让彼此都舒心。

胎教最重要的条件之一是使胎宝宝生活在优良的环境中，即优境胎教。

ξ 胎宝宝所生活的环境

胎宝宝所生活的环境大概可以分为两部分：内环境——你的身体；外环境——你生活的环境（包括老公的影响）。

胎宝宝的生活环境还可以细分为：

心理环境：你的精神状态和意识（修养、兴趣、爱好、职业等）。

生物化学环境：你的营养状况、药物反应、伴随情绪波动产生的内分泌激素等。

物理环境：你的心脏跳动的节奏变动、姿势变换、抚摸拍打、胃肠蠕动等。

ξ 准妈妈的环境决定胎宝宝的环境

通过自己生活的环境，胎宝宝不仅接收自己需要的东西，比如生长必需品（营养、氧气等），还借助你的身体保护自己不受伤害，同时也接收一些“精神品”，如通过感受你的情绪来愉悦自己，同时也促进自己发育得更健康。

ξ 优境胎教法

所谓优境胎教，就是要为胎宝宝营造一个内、外都很好的生活环境，让胎宝宝能够愉快地成长，主要内容有：

1 保持身心健康愉悦，养成良好的生活习惯，保证合理的营养。

2 室内颜色要柔和，四周保持整洁，最好摆设有花卉、盆景，墙上挂上活泼可爱的宝宝照片等。

3 提高对音乐、语言、思想情操各方面的修养，避免外界环境不良因素的刺激。

小贴士

人体每天都会通过呼吸、饮食及皮肤接触等方式，从环境中吸收毒素，当它们在机体内蓄积时间太久而得不到排出时，就会对健康造成危害，这种危害对准妈妈和胎宝宝尤甚，为了胎宝宝能更健康，准妈妈可以在备孕期多吃新鲜的当季蔬果、动物血等排毒食物，清理一下身体、排出毒素是必要的。

第1个月

（1~4周）

斯瑟蒂克说胎教

Sise Dike Shuotaijiao

当未来的母亲充满幸福感，而即将成为父亲的你本身也感觉到幸福时，这便是受孕的最理想的时刻。

准妈妈与胎宝宝的变化

在这个月，原本是独立个体的精子和卵子将结合成受精卵，并前往子宫，完成着床，至此，一颗小种子在准妈妈子宫内发芽了。

准妈妈：可能全然不觉

对于准妈妈来说，受孕这一过程悄无声息，根本就不知道自己怀孕了。大多数准妈妈此期间都没有什么明显怀孕的表现，只有极少数的准妈妈在胚胎植入期间可能发生少量阴道出血。这种出血也叫植入出血，出血量极少，持续时间也很短，并且不会发生腹痛。不过，无论有没有确定受孕，在没有做避孕措施的情况下，请暂时把自己当孕妇对待，不要随意使用药物，远离X射线，这样才不会在发现自己怀孕后后悔万分。

虽然准妈妈感觉不到变化，但在准妈妈体内，激素的水平却在逐渐升高。怀孕引发的激素变化会“告诉”身体暂停排卵和月经。因此，到本孕月的第4周末，月经规律的准妈妈如果月经没有来，那就有可能是怀孕了。

小贴士

如果准妈妈在不知道怀孕的情况下服用了某种药物，不用过分忧虑。需要做的是记住药物的名称和用量，在去医院检查时跟医生说明情况，请医生根据自己的妊娠时间、年龄及胎次等问题综合考虑是否需要终止妊娠。

胎宝宝：从受精卵变成胚胎

同房受孕成功之后，准爸爸3亿个精子中的一个幸运儿会与准妈妈排出的卵子结合，形成一个新的细胞——受精卵。

受精卵着床一般在受精后第6～7天开始，于第11～12天内完成，也就是说，第4周是受精卵着床的关键期。这个时期，胎宝宝的大脑已经开始发育了，在卵子受精后1周，受精卵不断地分裂，其中的一部分形成大脑，其余的形成神经组织。此后，胚胎细胞将以惊人的速度分裂，细胞数量急剧增长，并逐步分化成不同的组织和器官。

最激动人心的是，在第4周，胎宝宝的心脏开始跳动了。

小贴士

从一个卵子遇到精子直到胎宝宝被娩出，这个过程实际上是266天左右，但整个孕期一般按40周或280天来计算，这是从末次月经的第一天算起的，因为准妈妈可能说不清受精具体发生在哪一天，却能记得每个月“好朋友”来临是哪一天。

情绪胎教

受孕绝不能是性欲和偶然的产物。不要出现“糟糕，我怀孕了”这样的情况。

记一份爱的胎教日记

从今天开始记胎教日记吧，无论是电子版本还是纸质版本，胎教日记都将成为你整个胎教过程的好帮手。写日记不但可以记录胎宝宝的成长变化、母子之间的互动内容，写日记还可以令准妈妈心情安静祥和。

ξ 胎教日记写什么

胎教日记内容可以包括怀孕的所有事情：身体情况、心理状态、起居、饮食、天气变化以及休息、娱乐……到第4个月开始，准妈妈和胎宝宝的胎教互动增多，胎教日记也可以增加一些内容，如胎动开始日期、胎教内容、胎宝宝反应等；其他如产前检查、健康状况、孕期用药状况、生活健康状况、家庭胎动自我监护情况等。

ξ 胎教日记怎么记

准妈妈可以用表格形式、图文日记形式、流水账形式等任何准妈妈喜欢的方式记日记。将每天中的胎教部分用明显的字体，或者表格形式表达出来，这样不但一目了然，还会避免漏掉一些项目和内容。

准妈妈可以将写日记当作经过一天的忙碌之后最好的放松方式。就算哪天或者哪段时间比较忙，忘记写了，也不要就此放弃。坚持下来，这满载爱的胎教日记将是给未来宝宝最好的见面礼。

如何面对孕激素对情绪的影响

怀孕期间体内激素水平的显著变化，可以影响大脑中调节情绪的神经传递素的变化。你可能在怀孕6～10周时初次经历这些变化，之后当开始为分娩做准备时，会再次体验到这些变化。

ξ 激素变化无法控制

正常妊娠的维持有赖于垂体、卵巢和胎盘分泌的各种激素相互配合，在受精与着床之前，在腺垂体促性腺激素的控制下，卵巢黄体分泌大量的孕激素与雌激素，导致子宫内膜发生分泌期的变化，以适应妊娠的需要。

胎盘形成后成为妊娠期一个重要的内分泌器官，大量分泌蛋白质激素、肽类激素和类固醇激素，确保妊娠顺利进行。

ξ 如何应对

激素水平变化是身体的需要，并非坏事。准妈妈可以尝试用更多方式去充实自己，转移情绪的着力点：

1 向准爸爸说出你现在的感受，即便是难受的，但说出来后真的会好很多，让准爸爸帮你出出主意，这样他会重视你的需要，采取各种可能的方式帮助你。一来二去你也许就忘记了那种难受的感觉，取而代之的是与老公同进退的感动与温馨。

2 试着做些你一直在憧憬着要做的事情，比如美化卧室和客厅，在墙上贴些可爱或漂亮的图案，将柜子移到一个新位置，去很久没去过的瑜伽班练一堂课，或者你还可以选择加班来给自己更多成就感。迁就一下自己的小脾气，沉浸在低落情绪里对自己和胎宝宝都是不负责任的表现呢。

3 拉着准爸爸或好朋友去散步，或者看一部搞笑的电影，累了就肆无忌惮地睡上一觉吧。雨过就会天晴，下一站迎接你的必定是美丽的晴天。

4 在怀孕期间，如果觉得心情总是抑郁，难以自抑，不妨将这个问题说给医生听，寻求帮助，同时切记不可自己随便用药。

营养胎教

斯瑟蒂克：我本人在怀孕的时候，饮食方面是十分注意的。约瑟夫一有新的信息就会在斯瑟蒂克家的“饮食改善条例”中加上一条。比如说烤面包不放猪油；使用含铝的发酵粉做的食品会堵塞脑血管，所以不买；不吃含糖量大的糖果，等等。

营养均衡，无须刻意进补

有些准妈妈可能担心怀孕后如果发生孕吐会影响营养摄入，所以先补充些，其实这没必要。因为事实证明，在孕吐期间采用少吃多餐的进食方式，反而能不间断地增加营养，体重增长也能保持在不错的水准上。

在孕1月，虽然胚胎在快速增殖，但这并不需要太多营养，所以这个时候不需要刻意进补。如果太刻意，甚至大补特补，胎宝宝不需要的营养就会全部长在准妈妈身上，反而容易造成肥胖，给后面的孕期生活增加烦恼，或者引起妊娠合并症等。

此时的饮食只需要保持健康的饮食习惯即可。定时定量进餐，不要偏食，合理地搭配饮食，均衡合理地摄入营养，谷物、肉食、蔬果一样不少，适当添加些海产品、粗粮等。

小贴士

一般情况下，身体健康的人，营养状况通常都没有太大的缺陷，否则就会表现出不健康的症状了，所以并不需要大肆补充。如果盲目补充，反而容易出问题。毕竟人体是一个复杂的系统，只有各个方面实现平衡，才能保证和谐运作。

科学补充叶酸制剂

叶酸可以帮助胎宝宝神经系统发育，在整个孕早期，叶酸对于预防胎宝宝神经管畸形起着很重要的作用。

ξ 叶酸制剂怎么选择

药店里有很多品牌的叶酸增补剂，进口的、国产的，单方的、复方的，准妈妈该如何选择呢？

首先，要明确所选的叶酸增补剂是专为孕妇设计的，而不是针对其他人群的（如有一种专门针对贫血患者的叶酸片，其叶酸含量大大超过准妈妈的需求，对母婴都不利）。一般针对孕妇的叶酸增补剂每片仅含400微克叶酸。

其次，不要迷信进口产品。并非进口的或者昂贵的就是好的，一些纯进口的营养补充品是专为国外准妈妈设计的，可能并不适合国内的准妈妈。

实在没有主意的话，不如咨询一下妇产科的大夫，然后遵医嘱选择。

ξ 补充叶酸你需要留心的细节

1 一般每天服用0.4毫克的叶酸增补剂就可以有效预防胎宝宝神经管畸形的发生。这里还要提醒的是，服用叶酸增补剂最好在医生的指导下进行。

2 过量的叶酸会掩盖维生素B_{12}缺乏的症状，干扰锌的代谢，引起锌缺乏。

3 叶酸补充最好在怀孕前1个月到怀孕后3个月期间。怀孕前就保证叶酸维持在一

语言胎教

斯瑟蒂克：对他讲话时不能单凭声音，而应在头脑中先把所讲的内容形象化或是抓住某种感觉再讲，把语言用一种画面或立体形象传授给胎儿。因找不到确切的叫法就称它为“画的语言”吧！例如，给胎儿讲“梅里去山里野营”这个情节的时候，在我的头脑里先浮现出一个红头发、褐色眼睛、目光炯炯的小女孩形象。再想象山里林木茂盛，树上有松鼠、小鸟的巢穴等。就这样，把梅里做的事都变换成自己的感觉。

《中西送子传说》

和新入驻的胎宝宝了解一下中西“送子”传说吧，这会给准妈妈一些美好而甜蜜的想象。

ξ 西方的白鹳送子

白鹳被欧洲人称为送子鸟。相传，送子鸟落到谁家屋顶造巢，谁家就会喜得贵子，幸福美满。在很多文学作品中，都可以看到一只有着长长鸟嘴的白鹳带着装有宝宝的包裹给妈妈送去的场景。而白鹳是真实存在的，科学的说法是古代欧洲人在有人怀孕时，烧火取暖的时间比一般人家长，而白鹳较易于选择这家的烟囱口造巢。也就是说，女主人怀孕招来了白鹳，而不是白鹳来给女主人“送子”。但是千百年来，人们还是把白鹳认为是吉祥的送子鸟，成了一种民俗。

ξ 东方人的麒麟送子和观音送子

麒麟是中国传说中的神兽，和龙、凤、龟称为“四灵”，象征吉祥和瑞，被认为是仁兽。民间有“麒麟儿”“麟儿”之美称。南北朝时，对聪颖可爱的男孩，人们常呼为“吾家麒麟”。后来形成民间求拜麒麟可以生育得子的民俗。

至于观音送子，其实原来的故事是观音救回被恶人偷走的小孩子，然后送回家，以讹传讹之下，观音被民间奉为求子膜拜的对象，被称为“送子观音”。

《你是人间四月天》

这首诗是民国时期的才女林徽因为儿子的出生而作的。诗人将四月的春景比作她心里的那个小天使，字里行间诠释的都是爱与希望。一个妈妈对孩子的期待与爱恐怕只有做了妈妈的人才能真正诠释。儿子出生带来的喜悦以及母亲对儿子的希望，这些都被她写进了这首深情的诗歌《你是人间四月天》中。

小贴士

将这首诗与胎宝宝共享吧！饱含对胎宝宝的爱来读这首爱子情深的诗歌，虽然他听不见，但是你的享受和感动，定能让他感知。

我说你是人间的四月天；
笑响点亮了四面风；
轻灵在春的光艳中交舞着变。

你是四月早天里的云烟，
黄昏吹着风的软，
星子在无意中闪，
细雨点洒在花前。

那轻，那娉婷，你是，
鲜妍百花的冠冕你戴着，
你是天真，庄严，
你是夜夜的月圆。

雪化后那片鹅黄，你像；
新鲜初放芽的绿，你是；
柔嫩喜悦
水光浮动着你梦中期待的白莲。

你是一树一树的花开，
是燕在梁间呢喃，
——你是爱，是暖，是希望，
你是人间的四月天！

音乐胎教

斯瑟蒂克：无论白天还是晚上，在约瑟夫工作的时候，我就给孩子唱日本的摇篮曲，或者一面抚摸腹部，一面唱美国的童谣。在做完家务事休息的时候，总是放些莫扎特、威尔第等人的唱片。

《蜗牛与黄鹂鸟》

这是一个关于蜗牛爬葡萄树的故事，其实胎教也像是蜗牛爬树一样，只要你坚持，等宝宝出生时，你就能看到你们的成果。

阿门阿前一棵葡萄树
阿嫩阿嫩绿地刚发芽
蜗牛背着那重重的壳呀
一步一步地往上爬

阿树阿上两只黄鹂鸟
阿嘻阿嘻哈哈在笑它
葡萄成熟还早得很哪
现在上来干什么
阿黄阿黄鹂儿不要笑
等我爬上它就成熟了

阿门阿前一棵葡萄树
阿嫩阿嫩绿地刚发芽
蜗牛背着那重重的壳呀
一步一步地往上爬
阿树阿上两只黄鹂鸟
阿嘻阿嘻哈哈在笑它

葡萄成熟还早得很哪
现在上来干什么
阿黄阿黄鹂儿不要笑
等我爬上它就成熟了

小贴士

如果验孕试纸测试显示没有怀孕，先不要担心，试纸也不是完全准确的，这个时候你应该到医院去确认，即使没有怀上，也是正常的。怀孕也有自然淘汰的过程，很可能是受精卵存在缺陷，这同时也是优生保证。

帮助消除烦躁感觉的音乐

怀孕后，准妈妈容易疲劳，情绪波动较大。为了减轻烦躁情绪，可以听一些舒缓、轻柔、欢快的曲子或是动听悦耳的轻音乐。这样的音乐可以给胎宝宝以安宁感，使胎宝宝心律平稳。

ξ 音乐的不同情感作用

音乐的曲调、节奏、旋律、响度不同，对人体可产生不同程度的情感和生理共鸣，下面这些乐曲的大概分组所产生的作用可供准妈妈参考：

催眠

如二胡曲《二泉映月》，古筝曲《渔舟唱晚》，德国浪漫派作曲家门德尔松的《仲夏夜之梦》等。这类作品具有轻盈灵巧的旋律，美妙活泼的情绪，而又具有安详柔和的情调。

镇静、舒心

如民族管弦乐曲《春江花月夜》，琴曲《平沙落雁》《江南好》《春风得意》及《自新大陆》《田园》等。这类作品优美细致，音乐柔和平缓，带有诗情画意。

解除忧郁

如《喜洋洋》《春天来了》，奥地利作曲家约翰•施特劳斯的《春之声圆舞曲》等。这类作品使人联想到春天，仿佛看到春天穿着美丽的衣裳，同我们欢聚在一起。曲调优美酣畅，起伏跳跃，旋律轻盈优雅。

消除疲劳

如《假日的海滩》《锦上添花》《矫健的步伐》，奥地利作曲家海顿的乐曲《水上音乐》等。这类作品清丽柔美，抒情明朗。

振奋精神

如《娱乐升平》《步步高》《狂欢》《金蛇狂舞》等。这类作品曲调激昂，旋律变动较快，引人向上。

怀孕期间听的音乐有一些共性，以上音乐你都可以在书店、图书俱乐部的音像柜台买到，还可以到正规音乐门户网站下载。

小贴士

音乐大师们在演奏时往往将宇宙、大自然中的生命体信息融于舒缓柔美的曲子中，经常聆听不仅有助于安胎顺产，而且对右脑发育也有很大的促进作用。但如果不喜欢，也不要勉强自己，听自己喜欢的音乐效果最好。

《仲夏夜之梦序曲》

《仲夏夜之梦序曲》是著名的德国音乐家门德尔松凭借在莎士比亚的同名喜剧中获得的印象和灵感，而在17岁那年创作的。作品散发出浓郁的青春气息，充满了诗情和美感。

《仲夏夜之梦序曲》的灵感

《仲夏夜之梦》取材于民间传说，源于古代雅典的一种风俗：父亲有权决定女儿的婚事，如果女儿拒绝父亲的决定，父亲便可依法将她处死。有个美丽的女孩就因为违背父亲的决定，而与情人在一个森林相约私奔。那个森林原来是精灵们的乐园，小情人备受精灵们的作弄。当然，最后有情人终成眷属，留下故事给后人吟唱。

音乐中虚幻莫测的梦境

“抒情风景画大师”门德尔松，在这首经典曲目中，用他丰富的想象、优美抒情的风格和精练流畅的笔触，描绘了夏季月明之夜和迷人的森林中的精灵们的神奇生活。带有神秘气氛的夜景诗趣，形成序曲诗意般的音乐背景，使序曲罩上一层幻想和仙境的色彩。俄罗斯作曲家柴可夫斯基很欣赏这首序曲。他曾写道：“我想，当《仲夏夜之梦序曲》的音乐第一次出现的时候，一定给人以惊人的印象，因为它的新奇与充满的灵感和诗意都达到了惊人的地步。”静下心来，与你还没觉察到的胎宝宝一起感受其中的梦幻色彩吧。

小贴士

准妈妈可以通过听来感受音乐里面的美，将自己的美的感受通过神经传导输送给胎宝宝。

简单古诗，如同朗朗上口的儿歌

准妈妈在小时候都学过这几首诗歌，这几首诗歌学起来简单，读起来更是朗朗上口，画面感非常强，准妈妈可以一边朗读一边享受愉悦的好心情。

小贴士

这几首古诗准妈妈可以一直朗读，朗读到宝宝出生、长大。也许它会成为你将来哄宝宝停止哭闹、哄宝宝入睡的“秘密武器”。调查显示，不少宝宝在对于胎儿期听熟悉的声音都很有好感，哭闹或者缺乏安全感是听到熟悉的声音，就会变得开心起来。

咏　鹅

——骆宾王

鹅鹅鹅，
曲项向天歌。
白毛浮绿水，
红掌拨清波。

山村咏怀

——邵康节

一去二三里，
烟村四五家，
亭台六七座，
八九十枝花。

美育胎教

斯瑟蒂克：胎教时绝不能忘记对胎宝宝的爱和祝他幸福的愿望。如果以生“天才儿”为目的而进行胎教的话，也许会使腹中的胎儿感觉到是被迫的，并因此不愿倾听准爸妈对他讲的一切。做母亲或是做父亲的千万不要失去你的真心。

欣赏名画《摇篮》，体味母爱光辉

《摇篮》是法国女画家摩里索（1841—1895）作于1872年的一件优秀作品。画家从母亲的守护与孩子的酣睡中，极具诗意地表现了温馨而博大的母爱。

纱帐中，宝宝在熟睡，母亲一边轻摇着摇篮，一边深情地凝视着恬静入睡的孩子。温馨的母子之情顿时从画面中弥漫开来，这种情景用任何语言都难以描绘。看着这一画面时，相信每一位妈妈都会有深切的共鸣。

手指作画，妙趣横生

手指画不但孕期可以玩，以后宝宝出生了，也可以和宝宝一起玩。它不需要绘画功底，也不用学什么复杂的绘画技法，特别容易上手。准妈妈不要在意自己是否画得好，因为各人的擅长点也不同。有的准妈妈临摹出色，不妨多临摹；有的准妈妈喜欢随心所欲地涂抹，就不必苛求真和准，感到快乐和满足是最重要的。

准备材料：

专用手指画颜料、纸、笔。

步骤：

1.手指蘸上喜欢的颜色，在纸上按下手指印。

2.用笔在手指印上勾勒出各种人物表情或者用笔在手指印上画出各种可爱小动物形象。

只要发挥想象力，还可以画出很多漂亮的手指画。

贴心提示：

玩手指画要使用专用手指画颜料，在一些文具店可以买到。如果不愿意出门，也可以在网上购买，画画时最好配上工作罩衫和套袖。

Part 3

第 2 个月

（5~8周）

斯瑟蒂克说胎教

Sise Dike Shuotaijiao

人们生活的情况，居住的环境，维持社会机构的机关和设备，不同季节时自然界的变化，动物的生态情况等，这些是从妊娠初期就应一直进行的课程。重要的是永远保持对新课题的兴趣。

准妈妈与胎宝宝的变化

斯瑟蒂克：这个时期，若受孕成功，准妈妈容易出现体温升高、嗜睡等类似感冒的症状，千万不要贸然用药。

准妈妈：早孕反应来袭

大部分准妈妈在进入孕期的第5～6周出现恶心、呕吐症状。怀孕引起的恶心和呕吐多发生在早晨和晚间，一般没有什么征兆。也许前一刻准妈妈还在安安静静地吃饭，突然间会感觉饭菜的味道令自己恶心，接着就可能翻江倒海地狂吐一番。

除了呕吐，准妈妈还容易感觉胃部不适，出现“烧心”感。这是因为怀孕使准妈妈体内的激素水平发生变化，胃和食道连接处的贲门括约肌变松弛，致使胃里的酸性物质很容易返流到食道、喉咙及嘴里，刺激这些部位的黏膜引起的。

大约第6周，准妈妈的情绪会变得起伏不定，一点小事都会惹得准妈妈烦躁起来。对此，准妈妈不必过于自责，只把它当成怀孕引起的自然反应就好。

到第8周左右，准妈妈的子宫已经增大到鹅蛋大小，子宫峡部、子宫颈、阴道壁都已经变软，为日后分娩做准备。子宫扩张时，准妈妈会感到下腹部出现隐隐的抽痛感，有时会感到瞬间剧痛。

小贴士

由于这个阶段是胎宝宝腭部发育的关键时期，情绪波动过大容易导致胎宝宝出现腭裂或唇裂，所以不能对自己的坏心情听之任之。情绪不好时要积极调整，尽量保持情绪平和、愉悦。

胎宝宝：心脏跳动变得规律起来

孕5周结束之前，小胚胎刚发育的小心脏就已经开始跳动，血液也开始循环。

孕6周时，小胚胎的脊椎雏形形成了，四肢的的雏形也在顺利萌芽，头部也开始出现几个浅窝——它们以后将会形成眼睛和耳朵。从外观上看，小胚胎就像一只弓着背的小海马，可爱极了。胎宝宝的神经系统和循环系统在这个时期最先开始分化，主要器官的雏形开始出现并生长，如气管、食道、胃、嘴巴、肝、肾、膀胱、甲状腺、泌尿器官。最令人惊讶的是，此时胎儿的大部分器官已经依照它们自己的方式开始发挥作用了。

在孕7周，准妈妈腹中的胎宝宝以每分钟复制100万个以上细胞的惊人速度不断成长着。小胚胎的神经管将发育出大脑，大脑神经细胞发育飞速，平均每分钟有10000个神经细胞产生，准妈妈坚持补充叶酸的成效将完美呈现。同时，心脏已经建成；胃和食管的发育也在紧张进行；眼睑和舌头正在形成。此前已经成形的各个器官，也随着胎儿的长大不断拉长增大。手臂和腿也渐渐长成了小芽状。

到第8周，胎宝宝的心脏已经发育得非常复杂，心跳速度达到了140～150次/分钟（是成年人的2倍左右）。脑干已经可以辨认出来了（脑干是一个非常重要的部位，人体所有的大血管和神经都必须通过它才能与躯体连接起来）。内脏的大部分器官在持续发育，并且大多初具规模。眼睛部分除了眼睑，还形成了虹膜、角膜、视网膜等。小手、小脚长得更长了，手指和脚趾甚至出现了若隐若现的萌芽。腿和胳膊的骨头开始硬化，关节也开始形成。

小贴士

此期仍然是致畸敏感期，准妈妈应注意避开接触任何有可能导致胎宝宝发育畸形的因素。

情绪胎教

斯瑟蒂克：我在怀孕的时候总是对自己说，如果母亲常持有一种平静的、开朗的、和蔼的心情，那么，胎宝宝就会受此影响，完成身心的良好发育。所以，在怀孕期间我不曾生过气，不曾和约瑟夫吵过架，也不曾使自己心神不安定过。

想象自己期待一个什么样的宝宝

从决定要一个宝宝到现在胎宝宝在腹中安营扎寨健康成长，这期间经历了太多神奇的变化。此刻，准妈妈心里肯定对胎宝宝的样子充满了期待。心中的那个宝宝是个小子还是千金呢？他是什么模样？像自己多一点还是更像老公？

构想并画出胎宝宝的样子

那么，你心目中的小天使会是什么样子呢？带着这些疑问，拿起手中的笔，画一画你想象中宝宝的模样吧。如果你画画不是很拿手，也可以找一张你觉得和他长得最像的宝宝照片，把你想对他说的话和你的美好愿望写下来，这将是你和宝宝共同的美好回忆。

学会适当给自己减压

压力（生气、与人争吵等）对于准妈妈的危害很大，容易导致血压升高、胃肠道疾病等，同时还会殃及胎宝宝。准妈妈压力越大，对胎宝宝产生的负面影响愈严重，一定要尽快调节。

ξ 做放松身心的运动

做一些有益身心健康的活动，如做瑜伽、按摩、深呼吸等。这种活动能在短期刺激身体的“放松反应”，包括降低血压、降低心率和呼吸率、改善睡眠，有助于缓解孕期的压力，对准妈妈和胎宝宝都有益。如果能定期进行有益身心的活动，身体内还会释放出内啡呔和复合胺，提高身体应付压力的能力。

ξ 减少工作量

工作时间过长会加大压力，准妈妈每天工作时间不应超过8小时，还要避免上夜班。条件允许的话，感到疲劳时应稍作休息，到室外、阳台呼吸一下新鲜空气，或换一下姿势。

ξ 散步

散步也是一种很好的解压方式。坚持晚饭后就近到公园、广场散步，能解除疲劳，也是调节和保持准妈妈良好情绪的方法。最好是由准爸爸陪同进行，行程要适中，还应避免着凉。

ξ 听听轻缓、舒畅的音乐

多听这样的音乐可避免对压力产生消极反应，不仅能给人美的熏陶和享受，还能使精神得到有效放松。压力大时不妨让优美的乐曲来帮忙化解。

ξ 寻求更多的帮助

人是社会动物，脱离了亲人和朋友很容易情绪低落。准妈妈应让自己包围在爱和支持中，扩大支持你的朋友和家人的范围，多与闺密、丈夫、亲人、朋友、同事聊聊天，在交流中获得的支持和信息会给自己提供安全感，对缓解压力非常有益。

经常说出心里话

准妈妈一定在已经过去的日子里积攒下了不少感想吧，那么，适当的时候可以跟准爸爸或者其他关心宝宝的家人一起玩一个有趣而温馨的说话游戏。

说出心里话

挑选一段你和对方可以共同拥有的时间，对象最好是准爸爸，游戏时间不需要很长，15分钟就很够了。然后你们一人做倾诉者，一人做倾听者。倾诉者说出自己想对宝宝和自己的另一半说的心里话，倾听者可以复述倾诉者的话，但不允许评论和反驳。5分钟后换一次角色，剩下的时间可以交流在单纯地诉说和倾听时的感受。

在这个说话游戏中，你们可以加深对另一半的理解，可以看到对方行为背后的理由；在这15分钟里，也许你们能发现，在很多看似不合理的行为背后，其实是隐藏着爱的。你曾经因此而情绪低落是多么不值得，你们完全可以探索出一条满足彼此的路。

小贴士

由于身体内激素水平变化，准妈妈或许会发现自己现在会像在月经期那样抑郁、易怒、伤感。出现这种情况时，不要过分担忧，这是很正常的，而且这个阶段很快就会过去，只要你多做些令自己快乐的事，这些完全可以被忽略。

学会营造快乐的心境

准妈妈的快乐情绪就是胎宝宝的快乐情绪，这种快乐情绪将对胎宝宝的性格产生积极的意义。一个活泼开朗的孩子必然是在一个欢快和谐的环境中诞生的，准妈妈在孕期保持快乐的心境，宝宝日后也会更开朗。

营造快乐心境的方法

1 保持开朗明快的心境。不为一些无谓的事生气，如果还是想生气，那么不妨想想腹中的胎宝宝，心绪就会调节过来了。

2 用艺术陶冶情操。多读一些格调优美、文笔高雅的文学名著、散文或诗歌，多观看视觉明快或诙谐幽默的影视作品，多听能使精神放松的优美乐曲，使精神生活变得充实。

3 广交乐观的好友。经常与情绪积极乐观的朋友交往，充分享受与他们在一起的快乐，让他们的乐观情绪也感染你。

4 经常改变形象或环境。换一个发型，买一件新衣服，重新布置或装点一下房间，这些都会带给准妈妈新鲜感，让心情变得更开阔。

小贴士

并不是所有准妈妈都会出现早孕反应，而且早孕反应出现的时间也有早有晚，不能以此判断自己是否怀孕。建议先用早孕试纸测试，再去医院验孕检查是否怀孕。

营养胎教

斯瑟蒂克：许多物质都是通过胎盘由母体进入胎儿体内的，酒精也是如此，但并未受到人们的特别注意。除了烟和酒，对胎儿有害的东西还有很多。作为一个母亲，只有掌握了这些知识并付诸行动，才能使胎教取得好的结果。

准妈妈嗜酸要讲健康

由于酸味能刺激胃分泌胃液，有利于食物的消化与吸收，所以多数准妈妈孕早期都爱吃酸味食物。从营养方面来说，准妈妈吃酸味食物对自己和胎宝宝的发育都有好处，但并不是说只要是酸味就一定是好的食物。这里所说的营养酸味食物包括新鲜水果和酸奶等营养食品，准妈妈应该对酸味食物有选择地食用。

ξ 对身体有益的酸味食物

很多新鲜的瓜果含酸味，这类食物含有丰富的维生素C，维生素C可以增强母体的抵抗力，促进胎儿正常生长发育。因此喜吃酸味食物的准妈妈最合适选用一些带酸味的新鲜瓜果，如番茄、青苹果、橘子、草莓、葡萄、酸枣、话梅等，也可在食物中放少量的醋、番茄酱，增加一些酸味。另外，酸奶富含钙、优质蛋白质、多种维生素和碳水化合物，还能帮助人体吸收营养，排泄有毒物质，准妈妈可以适量摄入。

ξ 对身体有害的酸味食物

准妈妈一定要克制自己，不要吃人工腌制的酸菜或者醋制品。虽然它们有一定的酸味，但维生素、蛋白质、矿物质、糖分等多种营养几乎丧失殆尽，而且腌菜中的致癌物质亚硝酸盐含量较高，过多地食用对母体、胎宝宝的健康无益。

应对孕吐的方法

孕吐也不会持续太长时间，一般到第16～20周，恶心、呕吐症状就会自动消失，准妈妈的食欲也会恢复。孕吐难受时，准妈妈不妨试一下下面的方法：

ξ 可以缓解孕吐的饮食方法

苏打饼干缓解晨吐。孕吐在早上最厉害，起床前，先吃上几片苏打饼干或馒头干，休息20～30分钟再起床，可有效缓解晨吐。

少吃多餐。可以将一日三餐改为每天用上5～6次，每次少吃一点，或者每隔2～3个小时就吃点东西，随时准备少量、多品种的食品，如口味清淡的点心等，避免空腹。

吃些蔬果沙拉。这会让准妈妈避免受到热食物浓烈气味的影响，但需注意饮食卫生。

吃些含姜的食物。姜能够有效缓解孕吐症状。把生姜切成片，用热水冲泡，加入红糖，就是一杯能够抑制孕吐的生姜红糖水。另外，干姜片也是止吐的不错选择。

注意补充水分。如果孕吐比较频繁，不妨选择稀粥、西瓜汁及多汁的水果，这样既能增加水分、营养，又能避免脱水。

ξ 可以缓解孕吐的生活细节

1 心理压力大、紧张或休息不好都会使孕吐加重。因此，要缓解孕吐，前提是保持愉快的心情，多注意休息，保证充足的睡眠。

2 吃饭后立即躺下容易反胃。准妈妈饭后可以坐下来歇息一会儿或在室外散散步，这样还可以调适心情。

3 如果有些食物或日用品的味道，甚至某种声音使你恶心、呕吐，那就尽量避开它们。

4 气温过高也会导致恶心、呕吐。注意保持室内空气清新，温度适宜。

5 轻按内关穴（手臂内侧中央手腕上方两横指宽处）可以对大脑里的呕吐中枢起到抑制作用。在药店还有专门的防止晕车的柔软的棉质穴位腕带，准妈妈不妨购买来应对孕吐。

6 服用维生素B_6可以止吐，但长期服用就会使胎宝宝产生依赖性，出现不良反应，最好在医生的指导下服用。

不要因为尿频减少饮水量

虽然这个月，准妈妈在外观上仍然看不出什么变化，但在体内，子宫已从孕前的长5厘米左右，增大到拳头大小了。增大的子宫扩张会挤压邻近的膀胱的空间，所以准妈妈会感觉排尿次数增多。这种现象会在子宫扩展到高出盆腔后缓解（大概怀孕4个月）。到了孕晚期随着子宫占据空间越来越多，尿频又会回来。

尿频会让准妈妈频繁跑厕所，不过千万别因此少喝水。本来怀孕后身体对水的需求量就会增加，血液量增加、羊水这些都需要充足的水供应。如果刻意少喝水，胎宝宝估计得“渴”着了。

一般建议准妈妈每天保证2000毫升的饮水量，包括饮用水、饮料、汤饮等，感觉口渴的时候就马上喝水。这个阶段有些害喜的准妈妈可能喝不下水，建议多吃富含水分的水果，或者饮用开胃的果蔬汁。

小贴士

习惯喝茶的准妈妈，可以将茶泡得淡一点，泡茶的水温低于80℃，以此降低茶中的咖啡因含量。此外，第一遍泡的茶咖啡因含量较多，可以倒掉，此后的就会淡一些。

准爸爸胎教

斯瑟蒂克：作为前期课程，与父亲对话的关键不是传递知识，而是让胎宝宝熟悉父亲的声音，从而产生一种安全感。这是因为，胎宝宝一天24小时接触的都是母亲的声音，对低沉的男性声音是很不熟悉的。

语言胎教：子宫对话

对着子宫中的小胚胎说话，想想似乎不太可行，胎宝宝听觉还没有发育，这么早就说话有用吗？事实上，对着子宫讲话并没有想象中那么深奥，全凭对胎宝宝的爱意。

只要准爸爸用爱来看待子宫中的胎宝宝，与他进行温柔的对话，就可以刺激胎宝宝脑部发育，有助于胎宝宝的成长。

ξ 子宫对话法的好处

准妈妈腹中的胎宝宝，是一个有血有肉的小生命，并不像白菜一样仅靠营养发育生长。实践表明，准爸爸如果能经常和胎宝宝进行充满亲情爱意的语言沟通，会使胎宝宝日后拥有出色的语言能力。

另外，准爸爸亲切的语调，动听的语言，通过语言神经的震动传递给胎宝宝，能使他产生一种安全感，促进大脑发育，使大脑产生记忆。这样，不仅能增进、加深宝宝出生后与准爸爸的感情，使他们相见时就早已彼此熟悉，利于宝宝早期智力的开发，还可使宝宝更愿意同周围环境的人相互交流，促进宝宝健全人格的培养和形成。

ξ 子宫对话要从怀孕开始

子宫对话实际上就是准爸爸与胎宝宝的一种沟通方法。准爸爸通过讲话将情感、心绪、思考等传达给准妈妈，准妈妈的意念对胎宝宝产生影响，尽管还是小胚胎，但胎宝

宝已具有感知能力。子宫对话可以从怀孕初期就开始施行，并一直坚持到胎宝宝出生，这样的效果是最好的。

子宫对话可以进行的内容

根据生活内容和宝宝对话。根据日常生活，随意确定与胎宝宝的对话内容，比如给胎宝宝讲故事，给胎宝宝讲故事是语言胎教中一项必不可少的内容。准爸爸可以把胎宝宝当成是一个大孩子，认真地用亲切动听的语言、充满感情的语气给他讲故事。

为胎宝宝读文学作品。给胎宝宝读文学作品，尤其是优美的散文和诗歌，也是语言胎教的一项内容。

总之，与胎宝宝对话不必拘谨，话题很多，信手拈来即可。还可以将自己对胎宝宝的期望也说出来，这对于强化胎宝宝的形象也是有益的。

子宫对话的方法和技巧

怀孕第5个月后胎宝宝就能听到准爸爸的声音，接下来可以尝试着让胎宝宝集中意识，大声地教汉字、数字、字母、花草树木等，胎宝宝能感受到这种交流，从而促进智力的发展。

对话时声音要适当大而清晰，速度要缓慢，要发自内心、满怀爱意。传递给胎宝宝的声音通过羊水后往往有些模糊不清，因此在对胎宝宝说话时，声音要适当大一些，吐字要清晰一些，停顿要长一些，语速要慢一些。

对话时注意简化并重复短句，准爸爸最好能将针对日常生活内容和表达感情的话语简化，如“宝宝，我们吃饭了”“饭好香”“宝宝，我们很爱你”等，然后经常性地重复对胎宝宝讲，以加深胎宝宝对这些话的印象，促进他的记忆力和理解力。

小贴士

准爸爸要多用爱去关怀胎宝宝，多思考、多学习，多与他说说话，千万不要懒惰哦。

为准妈妈备两道开胃菜

很多准爸爸在准妈妈怀孕前很少做家务，更不用说下厨房了，可是现在准妈妈有了更重要的任务——怀有一个未来的家庭成员，而且妊娠反应多较严重，闻不了油烟味，甚至胃口不适，吃不下东西。因此，这个时候正是准爸爸好好表现的机会，下厨为准妈妈做两道简单的开胃菜，让准妈妈开开胃，这并不会太难，但是却是责任心和爱心的体现，相信会有别样的温馨。

准爸爸可以做这些开胃菜

1 腌黄瓜。黄瓜洗净后，切成细条，用盐腌15分钟，去除多余水分，加少许醋、白糖搅拌均匀，用保鲜膜封住碗口放入冰箱内，30分钟后即可吃，如果觉得冰，可以晾一会儿。

2 糖醋卷心菜。卷心菜择洗干净，切成小块，炒锅放油烧热，下花椒炸出香味，倒入卷心菜，煸炒至半熟，加酱油、白糖、醋、盐，急炒几下，盛入盘内即可。

小贴士

刚怀孕的准妈妈吃生黄瓜容易反胃，所以，将黄瓜进行一些简单的制作不仅能保全营养，而且能让准妈妈吃得更放心。腌制酸豆角对于准妈妈来说可以生津又开胃，不过这样的腌制食品还是要少食用，准妈妈可以把豆角焯熟后放入白醋中浸泡半小时左右，也能达到酸豆角的口味，还能吃得更健康哦。

语言胎教

斯瑟蒂克：有时，我给孩子读有着美丽图画和文字的幼儿画册，画册里有着我未曾体验过的美丽世界。每当我讲愉快的故事时就兴奋激动，讲到悲伤的场面时就声音低沉，讲到去冒险，就鼓起勇气。我想，就这样和胎宝宝一起漫游这个世界吧。

《燕诗示刘叟》

在这首诗中，白居易描述了燕子爸妈不辞劳苦，细心地喂养大了4只小燕子，而小燕子却在羽翼丰满之后不顾燕子爸妈的呼叫，飞离了巢穴，头也不回地远去，留下父母整夜悲鸣。

正所谓养儿方知父母恩，直到自己孕育孩子之后，才能更深刻地理解当年父母对你的种种无私的疼爱。

这是一种情感上的新认知，它会让准爸妈对自己的父母有全新的理解，而相似的孕育经历能让准妈妈和自己的父母的心灵更加贴近。

梁上有双燕，翩翩雄与雌。
衔泥两椽间，一巢生四儿。
四儿日夜长，索食声孜孜。
青虫不易捕，黄口无饱期。
觜爪虽欲敝，心力不知疲。
须臾十来往，犹恐巢中饥。
辛勤三十日，母瘦雏渐肥。
喃喃教言语，一一刷毛衣。
一旦羽翼成，引上庭树枝。
举翅不回顾，随风四散飞。
雌雄空中鸣，声尽呼不归。
却入空巢里，啁啾终夜悲。
燕燕尔勿悲，尔当返自思。
思尔为雏日，高飞背母时。
当时父母念，今日尔应知。

——作者 唐代诗人白居易

《母亲的诗》

胎宝宝正在以你看不见的速度不停生长，朗诵加布里埃拉•密斯特拉尔的《母亲的诗》中的诗句，描绘一个可爱的小天使吧。

我久久地凝视玫瑰的花瓣，欢愉地抚摸它们：我希望他的小脸蛋像花瓣一般娇艳。我在盘缠交错的黑莓丛中玩耍，因为我希望他的头发也长得这么乌黑卷曲。不过，假如他的皮肤像陶工喜欢的黏土那般黑红，假如他的头发像我的生活那般平直，我也不在乎。

我远眺山谷，雾气笼罩那里的时候，我把雾想象成女孩的侧影，一个十分可爱的女孩，因为也可能是女孩。

但是最要紧的是，我希望他看人的眼神跟那个人一样甜美，声音跟那个人对我说话一样微微颤抖，因为我希望在他身上寄托我对那个吻我的人的爱情。

音乐胎教

斯瑟蒂克：在充满柔和美妙的音乐声的房间里，我闭目遐想，努力在头脑中描绘孩子那充满幸福神态的脸庞。对我来说，这样做丝毫也不感到有负担，从得知怀孕后一个月我就完全习惯了。

听名曲：《春之声》，感受春的生机

春天寓意着生命的开始。在孕育生命之始，听听这首生机盎然的《春之声》吧。它用美妙的音符描绘出一幅色彩浓重的油画，永远保留住了大自然的春色。

《春之声》怎么听

《春之声》并不是典型的维也纳圆舞曲体裁，它节奏自由、充满变化，旋律生动而连贯。曲中生动地描绘了大地回春、冰雪消融、一派生机的景象，随着曲调，一幅春天的图画将在你的脑海里显现。《春之声》开始于4小节充沛的引子，贯穿全曲的第一主题（降B大调）随之出现，复杂而具有装饰音色彩的旋律给人一种春意盎然的感觉；接着旋律开始平和，给人一种春水荡漾般的舒畅感；而之后运用大音程的跳动，显示出无穷无尽的活力；突然的低沉音调，仿佛是在描写春日里偶尔飘来的阴云；当然，最后旋律又恢复明快，再次呈现春天那生机盎然的感觉，干净利落地结束全曲。

小贴士

据科学研究发现，通常胎宝宝喜欢听能与子宫胎音合拍的音乐，像巴赫、莫扎特的乐曲，它们的节奏与大脑中的阿尔法波和心跳波形相似，很容易被准妈妈和胎宝宝接受。

听琵琶曲：《平湖秋月》，安神定气

白居易形容琵琶：“大弦嘈嘈如急雨，小弦切切如私语。嘈嘈切切错杂弹，大珠小珠落玉盘。”这首经典的琵琶曲秉承了传统乐曲一贯的情景交融的写意手法，有安神定气的作用。

ξ《平湖秋月》赏析

这首琵琶曲篇幅不长，旋律轻柔优美，自由伸展，一气呵成。它以清新明快、悠扬华美的旋律来描绘平湖秋月的胜景。在乐曲声中，你仿佛看到皎洁秋月映照下的西湖，一潭平静的湖水，映照着一轮皎洁的秋月，碧空万里，波光闪烁，青山、树、亭台、楼阁，在月光下仿佛披上了一层轻纱，好像是一个蓬莱仙境。乐曲起承转合、环环相扣，由静而动，又由动而静，借景抒情，寓情于景，情景交融。在听的过程中，仿佛将一幅画卷摊开在准妈妈和胎宝宝的面前，充分体现了中国传统的美学意境。

ξ西湖胜景——平湖秋月

平湖秋月，是西湖十景之一，在西湖白堤的西边。秋天月夜下的西湖，恍若一幅素雅的水墨江南画卷。在其中眺望秋月，可以在恬静中感受西湖的浩渺，洗涤烦躁的心境。《平湖秋月》的乐曲相传就是吕文成在游览“平湖秋月”后所创作。此时的准妈妈无法远距离旅游，就在琵琶声中感受平湖秋月的胜景吧。

小贴士

怀孕期间，准妈妈对那些旋律优美、节奏舒缓、曲调欢快的音乐会很有好感，而对那些节奏强烈、音色单调的音乐则会感到排斥。因此，孕期准妈妈可以跟着自己的感觉挑选乐曲。

美育胎教

斯瑟蒂克：准妈妈把听到的、看到的、想到的事物通过自己的声音、身体变化、心理感受传递给胎宝宝，接受了这一切的胎宝宝在出生时就会具有一种智力，至少具有某种素质。

简笔画：可爱的小鸡

简笔画会让准妈妈集中精神，转移注意力，缓解妊娠反应。就算你绘画功底不好，也可以尝试，关键在于心境。

没有绘画功底的准妈妈，可以跟着文字来尝试画一些简单、形态各异的小鸡崽，将来你也可以跟宝宝一起画，看谁画得又快又好！

画小鸡

小鸡头，小鸡尾，
小鸡眼睛，小鸡嘴，
小鸡长着两条腿！
鸡头画小圆，鸡身画大圆，
翅膀画半圆，
眼睛随着头部转，
小脚画两边，
圆滚滚的小鸡就出现。

小贴士

许多准妈妈怀孕以后容易变懒，什么也不想干，什么也不愿想，其实这是胎教中的一大忌。如果准妈妈既不思考也不学习，胎宝宝也会深受感染，变得懒惰起来。所以为了腹中胎宝宝的智力发育，准妈妈一定要勤于动手、动脑。

边画边把儿歌说给胎宝宝听，准妈妈也可以在小鸡旁边加上米粒、小虫子、小草做装饰，或者给小鸡涂上各种各样的颜色，开心是最重要的。

中国画欣赏：《竹石兰蕙图》

准妈妈想要宝宝拥有什么样的性格呢？兰心蕙质，气质高雅？中国传统上往往通过植物来寓意自己的风格。准妈妈可以与胎宝宝一起欣赏扬州八怪之一郑板桥的那幅《竹石兰蕙图》哦，画中几丛修竹立于岩石之前，下面有兰蕙映衬，宛如天成，呈自然之趣。准妈妈可以通过这幅画将自己的期望传递给胎宝宝。

题画

（清）郑板桥

一竹一兰一石，有节有香有骨，
满堂皆君子之风，万古对青苍翠色。
有兰有竹有石，有节有香有骨，
任他逆风严霜，自有春风消息。

小贴士

可以让准爸爸也参与进来欣赏哦，准爸妈可以就这幅画以及宝宝以后的模样进行亲切交谈，不但可以增加欢乐气氛，还可以转移和分散准妈妈集中在呕吐上的注意力。

Part 4

第3个月

（9~12周）

斯瑟蒂克说胎教

Sise Dike Shuotaijiao

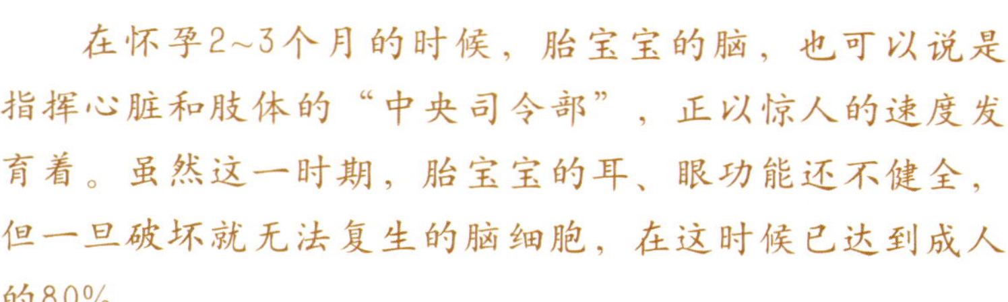

在怀孕2~3个月的时候，胎宝宝的脑，也可以说是指挥心脏和肢体的“中央司令部”，正以惊人的速度发育着。虽然这一时期，胎宝宝的耳、眼功能还不健全，但一旦破坏就无法复生的脑细胞，在这时候已达到成人的80%。

准妈妈与胎宝宝的变化

斯瑟蒂克：孕3月是个关键月份，过了这个月，胎宝宝在子宫便过了容易流产期，变得相对稳定了，因此，在这个时期，准妈妈的起居安排要一如既往地谨慎。

准妈妈：早孕反应达到高峰

早孕反应虽然仍然存在并将在这个月达到顶峰，但会在本月后期开始减轻。

许多准妈妈会在本月感觉到下腹部有胀满的感觉。突然变换姿势时，准妈妈常会感到盆腔部位有莫名的刺痛。这是因为此时准妈妈的子宫扩张到了某种程度，附近的支持韧带被拉长了，突然改变身体姿势有可能拉扯到这些韧带的缘故。改变身体姿势时速度放慢、力道放轻，刺痛感就会减弱许多。

由于黄体素使肠胃蠕动变慢，准妈妈会在此时出现腹胀现象。为减轻不适，应少吃产气食物，如豆类、红薯等，牛奶也不宜饮用过量。

要养成每天定时排便的习惯。多吃蔬菜和水果，多喝水，适度运动对预防和改善便秘有帮助。便秘严重者可在医生指导下用药物治疗。

在体内大量雌激素的影响下，从怀孕第3个月起，准妈妈的口腔会变得很容易出问题，如出现牙龈出血、牙齿松动、龋齿等。

胎宝宝：看起来“人模人样”了

从本月第一周开始，胎宝宝就正式走出胚胎阶段，可以被称为“胎儿”了。相应地，胚胎期的明显特征——“尾巴”已经彻底消失，身体各部分的发育（如器官、肌肉和神经等）也渐渐步入正轨。

第9周时，胎宝宝上嘴唇完全成形，嘴、鼻子和鼻孔更加明显。此外，胎宝宝还长出了耳垂，到这周结束的时候，耳朵的内部构造即将形成。手部从手腕开始变得稍微弯曲，双脚开始摆脱蹼状的外观。

第10周胎宝宝出现了重要的变化，原来负责为胎宝宝制造红细胞提供养分的胎囊逐渐消失，在胎儿发育过程中发挥重要作用的胎盘则开始形成。同时，胎宝宝的手腕已经成形，手臂更长，肘部变得更加弯曲，脚踝发育完成，手指和脚趾清晰可见。现在的胎宝宝很好动，在羊水中忙着吞咽羊水和踢腿。此时胎宝宝的动作都比较小，姿态优美而舒展，好像在跳水中芭蕾。

到第11周，借助听诊器或多普勒胎心仪，准妈妈可以听到胎宝宝心脏快速跳动的声音，有些准妈妈将这声音称为快速奔跑的小马。而胎宝宝的肾脏也发育起来，已有了输尿管，可以排出一点点尿。

第12周时，胎宝宝已经发育成一个内脏器官基本完备、初具人形的小人儿了。由于神经细胞的迅速增殖，神经突触开始形成，胎宝宝开始有了更多的神经反射动作。如果准妈妈用手戳一戳肚子，他可能就会动一动，但是准妈妈还无法感觉到胎宝宝的活动。随着胸部横膈膜的发育，胎宝宝还可能开始打嗝呢。

此时胎宝宝的头颅钙化到了一定程度，颅骨光环清楚，已经可以测双顶径。如果有明显的畸形也可以诊断出来了。

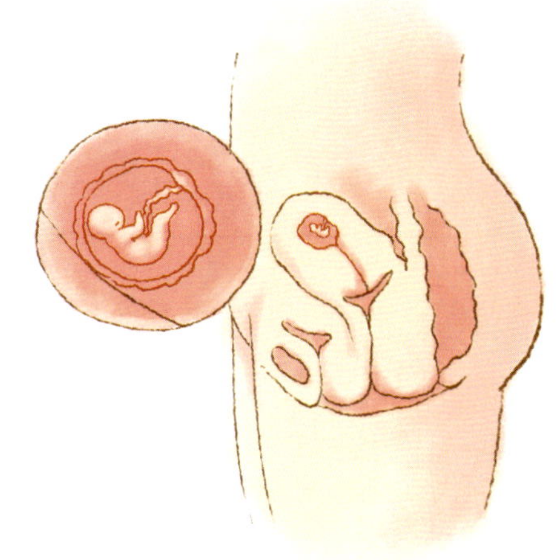

情绪胎教

斯瑟蒂克：约瑟夫经常对我说："最理解母亲心情的是你腹中的胎宝宝。你要经常以一种安详、和谒和稳定的情绪，保护这个小生命，直到他来到这个世界。只有这样，胎宝宝才能安心地倾听你的话，学到更多的东西。"

每天给自己一些微笑

准妈妈的情绪变化会通过内分泌的变化传递给胎宝宝。腹中的胎宝宝虽然看不见母亲的表情，却能感受到母亲的喜怒哀乐。

笑可以使动脉弛缓，加快血液循环，起到与胸部、肠胃、肩膀周围的上体肌肉运动一样的效果。研究证明，笑有强心健脑、促进呼吸、有助美容、改善消化、缓解疼痛、降压健身和防治疾病等多种保健功能。

所以，准妈妈每天都应该多一些微笑。

怎样让微笑发自内心

微笑不仅仅是给别人看的，也可以给自己看。每天清晨，准妈妈可以对着镜子，先给自己一个微笑。在一瞬间，一脸惺忪转为光华润泽，沉睡的细胞苏醒了，让人充满朝气与活力。

哪怕生气的时候，准妈妈也可以照一照镜子。这时准妈妈会发现镜子中的自己并不好看，脸上的肉扭曲而痉挛，眉头紧皱，脸色阴暗，简直就像一个陌生的面具。准妈妈甚至会质疑：这是我吗？我怎么是这个样子？

一点也不错，"生气"就是会使一个人变得畸形，变得让周围的人觉得陌生。那么，当人们正视丑陋的自己时，就会产生一种愿望，这就是改过的愿望。人们不希望自己继续丑陋下去，于是就会采取实际行动，好让镜子里的自己变得好看一些。当然，变得好看的办法也很简单，只要调整呼吸，平和心情，给自己一个微笑即可。

创造性审美想象，让心境愉悦

创造性审美想象是一种能充分发挥和调动主观能动性的心理活动，它可以使生活变得充裕和快乐。

创造性审美想象的方法

首先，准妈妈要进行想象，想自己向往和喜欢的事，如想着自己抱着未来的宝宝，逗着宝宝玩的情景。

准妈妈自己置身于一个舒适的环境中，或是坐着，或是躺着。使身体完全放松，从脚趾开始，一直到头顶，想着一步步地放松身体的每一块肌肉，让所有的紧张从身体中流出。用腹部又匀又长地呼吸，慢慢地从10倒数到1，每数一下都会觉得自己更深地放松了。

当准妈妈感到自己深深的放松了之后，开始想象自己逗玩宝宝的情景。想象宝宝是多么活泼可爱，自己的心情是多么愉快欢乐，胎教成功的喜悦充溢在自己的心头。

准妈妈要放飞想象的翅膀，事实上任何令你感到愉悦的事情都是可以进行的。比如想象自己置身在清新的大自然中——也许是片开阔的绿色草地，旁边是潺潺的小溪；也许是在海边细软的沙滩上，能看到波浪起伏。

花一些时间想象所有美好的细节，意识到自己正充分享受并经历着这一切。你继续漫步、探索，越来越多地看到丰富多彩、美不胜收的景色——山麓、树林，在每一个地方留恋、欣赏一会儿……把这个世界想象成一个辉煌的乐园，在这个乐园中你正完满与丰富着你的经历。

在大脑里保留这些美好的情景的同时，在内心对自己做一些十分积极的、肯定的陈述（出声或不出声都可以）。例如：

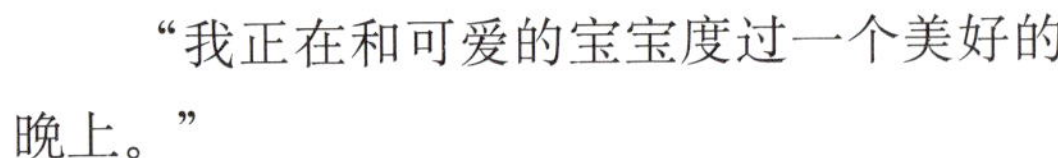

“我正在和可爱的宝宝度过一个美好的晚上。”

“宝贝,我永远爱你,我们永远在一起。”

在结束想象时，自己再说一段坚定的话：

“这美好的情景，多么和谐，多么令人满意。现在我充分感到了初为人母的幸福，也感到了为社会贡献一个健全的宝宝，是多么骄傲，多么光荣。”

准妈妈要觉得这一过程是欢快有趣的，要坚持做下去，可以是5分钟，也可以是半小时。每天都反复做，或尽所能地经常去做。

创造性想象的技巧

要想练习创造性审美想象，就一定要做到深深地放松，准妈妈的身体和头脑都深深地放松了，脑电波就会真正产生变化，变得慢下来。

准妈妈要进行肯定的练习，用一些更积极的思想、概念来替代过去陈旧的、否定性的思维模式。这是一种强有力的技巧，它能在短时间改变准妈妈对生活的态度和期望。

准妈妈可以不出声地进行，可以大声说出来，也可以写在纸上，甚至可以歌唱或吟诵。一天只要有10分钟有效的练习，就能抵消准妈妈许多年的思想习惯。准妈妈在自己告诉自己一切时，要进行积极想象，选择积极的语言和概念，一个积极的现实就会被创造出来。

克服孕早期烦躁心理

怀孕后，多数的准妈妈会有不同程度的妊娠反应，如恶心、呕吐、厌食等，同时还会有气闷和腹胀、腰痛等不适感觉。妊娠反应大多会持续一段时间，这往往会弄得准妈妈心情烦躁。

准爸爸在怀孕期间可不能计较准妈妈的“无名之火”，如果有时间，应多陪准妈妈散散步，呼吸点新鲜空气，讲讲幽默小故事，或者送上一份准妈妈心仪的礼物等。准爸爸的爱心，是准妈妈消除烦躁心理的良药。

除此之外，准妈妈应正确认识妊娠反应，妊娠的剧烈呕吐多半是由神经系统紊乱、精神过度紧张造成的。准妈妈应该尽量保持心情舒畅，情绪稳定，保持心理平衡。平时多想一些愉快的事，多看一些轻松、幽默的书籍，多看一些喜剧片和动画片。每天到环境幽雅的地方散散步，和喜欢的人谈谈天。这样会缓解一些心理上的烦乱情绪。精神上的放松，可以使准妈妈体内循环畅通，从而减轻妊娠的不良反应，从而也可以使烦躁的心理得到一定程度的减轻。

有的准妈妈过度地担心胎宝宝的健康，这也会导致烦躁不安的心理。如果对胎宝宝的健康产生强烈的质疑时，准妈妈不妨去医院做个检查，医院的专业检查可以准确证实胎宝宝是否健康，也可以帮助准妈妈平定不安的情绪。

小贴士

怀孕会使激素分泌不协调，从而改变情绪。尤其是在患得患失的孕早期，准妈妈一天之中的情绪很可能像过山车一样大起大落好几次。要想改变这种不受控的状况，就得学会如何控制情绪。这本书中的各种趣味胎教一定能为准妈妈提供帮助的。

童言稚语可以让情绪变好

做梦了

宝宝跑过来兴奋地说："妈妈，我昨天晚上做了一个梦。"

妈妈好奇地问："做了什么梦啊？宝宝跟妈妈说说。"

宝宝一脸天真："我想不起来了，就不要问了吧。"

妈妈：……

我从哪里来的

宝宝问妈妈："妈妈，我到底是从哪里来的?"

妈妈觉得应该趁此机会教育小孩，就一本正经地以一个小朋友为例子，详细地以宝宝听得懂的语言介绍了生殖的全部过程。

宝宝听完后，一头雾水地说："怎么会这样？我同桌说他是从湖南来的!"

爸爸为什么来我家

爸爸忆苦思甜，给宝宝讲小时候挨饿的事。听完后宝宝两眼含泪，十分同情地说："哦，爸爸，你是因为没饭吃才来我们家的吗？"

年纪大了

宝宝玩耍时发现地上有一根很细很短的头发，疑惑地问："妈妈，你的头发掉吗？"

妈妈说："当然掉了。"

"为什么？"妈妈随口说："因为我年纪大了。"

宝宝拿着他捡的头发也学着妈妈的口气说："妈妈，你看这根头发这么细这么短，肯定是我掉的，我的年纪也大了。"

猜谜

妈妈问宝宝："有一种动物，它长着两只脚，每天早晨太阳公公出来后，它就会叫你起床，一直叫到你起床为止。这是什么动物呢？"

宝宝想都没想答道："是妈妈。"

幽默的人生态度让你更快乐

在长长的孕期中，不少准妈妈难以完全避免受到不好情绪的影响。如果能学会保持幽默，会更容易感受到快乐。

培养幽默感

扩大知识面。知识面是幽默的基础，也是幽默的来源。知识在于积累，要培养幽默感必须先广泛涉猎，充实自我，不断从浩如烟海的书籍中收集幽默的浪花，从名人趣事的精华中撷取幽默的宝石。

陶冶情操，洒脱面对人生。准妈妈要有一颗宽容之心，善于体谅他人，要学会雍容大度，克服斤斤计较。同时还要乐观对待现实。乐观与幽默是亲密的朋友，生活中如果多一点趣味和轻松，多一点笑容和游戏，多一份乐观与幽默，那么就没有克服不了的困难，也就不会整天愁眉苦脸、忧心忡忡了。

培养洞察力和提高观察事物的能力。培养机智、敏捷的能力，是提高幽默素养的一个重要方面。只有迅速地捕捉事物的本质，以恰当的比喻笑谈，诙谐的语言，才能使人们产生轻松的感觉。当然在幽默的同时，还应注意在处理不同问题时要把握好灵活性，做到幽默而不落俗套，真正体现幽默的魅力。

让准妈妈感受幽默的小技巧

学会做些“蠢事”。准妈妈不妨做一件“蠢事”。比如以不同寻常的角度观察一下自己熟悉的人，做些出乎自己意料的事情；或者穿得傻一点。这样你就会发现，打破常规后，并不会有可怕的事情发生，有些事情甚至会比原来的要好。

与人分享相声或者笑话。当准妈妈感觉情绪不好的时候，可以听一段相声或者是笑话，并且准妈妈要及时把这个笑话或者相声说给身边的人来听。幽默引起的欢笑可以使人忘却忧愁，忘却苦恼，使人的情绪、心态得到改善。

想象。想象调整法的方式很多，想象的内容不受时间、地点的限制。准妈妈可以想象自己是公主，被困在城堡里，准爸爸骑着白马，拿着长剑来救自己等。这些天马行空的想象可以唤起积极的情绪，可以抑制、克服、解除消极的情绪。

小贴士

环境对人的情绪是有调动作用的。良好的环境会使人心旷神怡，让人联想起美好的事物，使人焕发积极向上、向往未来的积极心态；不良的环境则会使人心烦，让人心情变坏。所以，准妈妈情绪不好的时候，可以去自己最喜欢的地方逛逛。

营养胎教

斯瑟蒂克：有时候很想吃甜的东西，有时应该吃东西却因妊娠反应而没有食欲。每当我想吃甜的东西时，就用蜂蜜来代替，没有食欲的早上就吃放了小麦胚芽及核桃、葵花子的麦片粥，并且还加入很多牛奶。

准妈妈的饮食习惯影响宝宝将来的口味

胎宝宝的味蕾正在发育，准妈妈的口味对他有重要影响，准妈妈的偏食正是宝宝将来偏食的最大诱因。因此，孕期饮食多样，不但是胎宝宝营养的保证，还是胎宝宝养成良好饮食习惯的基础。

胎宝宝能记住准妈妈的口味偏好

研究表明，准妈妈孕期的口味确实会对胎宝宝日后的口味偏好产生直接的影响。胎宝宝会在子宫中“品尝”准妈妈吃的食物的味道，并牢牢记住。将来，这种体验将对他出生后对食物的接受程度产生影响，他会更倾向于那些自己熟悉的食物。甚至有的科学家让准妈妈在怀孕和哺乳期间就开始对宝宝进行“营养胎教”，刻意多吃某种蔬菜，将能帮助宝宝培养出对这些蔬菜口味的终生喜爱。因此，准妈妈做到饮食均衡，可以培养以后宝宝不偏食的好习惯。

饮食多样，营养均衡

不同的营养素往往存在于不同种类的食物中，如蔬菜水果主要含糖、维生素、膳食纤维，而肉类食物多含蛋白质、脂肪、铜、铁、锌等营养物质。不吃哪一类食物，就会造成相应营养素的缺乏。因此，在孕期，准妈妈需要多吃谷物、薯类和果蔬类，适当摄入红色的瘦肉如牛、猪、兔肉等，每周吃一次鱼，补充优质蛋白质。此外，不要长期只吃一种食物，而要经常换吃同类的其他食物，确保营养均衡。

坚持适量吃坚果利于胎宝宝大脑发育

坚果的各类营养素都很优质，像蛋白质、脂肪、维生素等，还含有多种不饱和脂肪酸，包括亚麻酸、亚油酸等人体的必需脂肪酸，可以清除自由基，调节血脂，提高视力，还能补脑益智。孕期吃坚果对增强准妈妈的记忆力和促进胎宝宝大脑发育都很有作用。准妈妈可以备一些核桃、板栗、腰果等每天吃一点。一般建议每天吃大约50克即可，因为坚果中的脂肪较多，准妈妈本身肠胃就弱，吃多了容易消化不良，甚至出现“脂肪泻”，适得其反。

适合准妈妈的坚果

核桃：适当食用核桃可以补脑、健脑，增强机体抵抗力。

花生：花生富含蛋白质，而且易被人体吸收。花生仁的红皮还有补血的功效。

葵花子：葵花子所含的不饱和脂肪酸能促进胎儿大脑发育，并能降低胆固醇。

松子：含丰富的维生素A和维生素E，以及人体必需的脂肪酸、油酸、亚油酸和亚麻酸，可增强准妈妈的免疫力，促进胎宝宝发育。

榛子：含有不饱和脂肪酸，并富含磷、铁、钾等矿物质，以及维生素A、B_1、B_2、烟酸，经常吃可以明目、健脑。

开心果：开心果富含不饱和脂肪酸以及蛋白质、微量元素和B族维生素。

小贴士

要少吃炒制和盐焗坚果，否则容易上火，尤其到孕中晚期，过多的钠盐摄入还会导致水肿和高血压。还有一点需要注意，某些坚果容易引起过敏，本身是过敏体质的准妈妈如果吃了某种坚果之后出现面部红斑、瘙痒、眼角充血、耳根部溢液等症状，说明对这种坚果过敏，以后应尽量少接触此种坚果及其制品。

孕期吃火锅、烤肉要注意什么

孕期并非不可以吃火锅，但吃火锅时一定要把肉片煮透才可食用。肉类常会感染弓形虫，如果涮肉时没有煮透，就不能消灭其中的弓形虫。准妈妈若误吃了这样的涮肉，就会使胎宝宝感染弓形虫。孕期感染弓形虫会导致胎宝宝脑积水、小头畸形、脑钙化、流产、死胎等，在出生后则有可能发生抽搐、脑瘫、视听障碍、智力障碍等，危害极大。

有时候用来涮的生肉可能会跟蔬菜等交叉感染，因此建议肉类以外的其他食物也涮煮透后再食用。另外，熟食应该与未煮熟的食物分别用不同的碟子装，夹生食与熟食的筷子也应该分开，这样才能防止或减少消化道炎症和肠寄生虫病的发生。

吃烤肉时也要注意这个问题。一定要做到生熟分开，只吃熟透的烤肉。

小贴士

吃烤肉和火锅时最好吃前先喝小半杯新鲜果汁，接着吃蔬菜，然后才吃肉。这样，才可以合理利用食物的营养，减少胃肠负担，达到健康饮食的目的。

孕期怎么健康吃水果

吃水果不宜贪多贪甜

水果富含多种维生素和矿物质以及丰富的膳食纤维，适量食用对准妈妈和胎宝宝都很有好处。按照中国营养学会给出的“中国居民平衡膳食宝塔”，每日建议的水果食用量为200～400克（糖代谢异常的准妈妈应遵医嘱进食），这个量足可以满足准妈妈的需求。如果进食过多，每日食用水果超过500克，对健康反而不利——水果中含有的葡萄糖、果糖被胃肠道消化吸收之后会转化为中性脂肪，使准妈妈体重增加，还容易引起高血脂症。

太甜的水果也应少吃，以免摄入过多的糖分，在体内转化为脂肪。怀孕对准妈妈来说是胖起来容易瘦下来难，一定的饮食控制是必要的。

水果含糖量

含糖量＜10%：青瓜、西瓜、橙子、柚子、柠檬、桃子、李子、杏、枇杷、菠萝、草莓、樱桃等。

含糖量为11%～20%：香蕉、石榴、甜瓜、橘子、苹果、梨、荔枝、杧果等。

含糖量＞20%：红枣、桂圆、哈密瓜、柿子、玫瑰香葡萄、冬枣、黄桃、干枣、蜜枣、柿饼、葡萄干、杏干。

生吃水果要注意卫生

水果大多生吃，也只有生吃水果才能最好地保存其中的营养成分。生吃水果最重要的是要做好清洗工作，去除水果表面的农药残留。一般建议先清洗干净水果的表皮，可以用清洗蔬果的洗洁精来清洗，然后用流动水冲洗一下。必要时可以放入清水中浸泡一下。

如需要削皮或者切水果，要用专用的水果刀来削、切。不宜用切菜刀削、切，因为菜刀常接触生肉、生鱼、生蔬菜，会把寄生虫或寄生虫卵带到水果上。

清洗不好清洗的水果

葡萄：将葡萄粒从藤上剪下（注意不要剪破皮），放入盆内，挤一些牙膏在手上，搓出小泡沫，然后轻柔地搓洗葡萄粒，洗净表皮脏污后用清水漂清，最后用流动水冲洗干净即可。

打蜡的苹果：把苹果浸湿，在表皮放一点盐，轻轻搓洗掉表面的蜡，再用水冲干净即可。

杨梅：先用清水冲洗一遍，再放入淡盐水中浸泡20～30分钟即可。

桃子皮上的茸毛：先用水淋湿桃子，再用细盐轻轻搓洗表面，最后用流动水冲净，就能去掉茸毛了。

草莓：先用流动水冲洗几遍，再用淡盐水或淘米水浸泡5分钟，最后用流动水冲洗一遍即可。注意，洗草莓时不要去蒂，以免在浸泡时农药及污染渗入果实内。

小贴士

为准妈妈挑选水果可以讲究一下搭配，不仅是营养的搭配，颜色也可以更加协调、多样化，比如绿油油的甜瓜与红红的苹果配在一起就煞是好看，能促进食欲。

准爸爸胎教

斯瑟蒂克：那已经是16年前的事情了，翻阅当时的日记，凭借自己有些模糊的记忆，发现当时在任何时候都能感到约瑟夫那热情的目光。胎教不仅是我一个人完成的，还有我的丈夫即苏珊的父亲所起的作用也不可低估。

帮准妈妈减压

怀孕可能令准妈妈的情绪不受控制，时好时坏，而且很容易变得情绪低落。当一个人心理状态越不好的时候越想得到亲人的同情和安慰，因此，准爸爸要行动起来，为准妈妈实行减压计划，给予她加倍的关怀和爱护，鼓励和支持。

准爸爸的助减压方法

1 陪伴准妈妈听讲座：准爸爸陪同准妈妈到孕妇学校或相关孕妇课堂听取全面的孕期知识的讲座，以便对妊娠、生产、养育等问题做到心中有数，并互相交流、沟通，就会减少准妈妈因不了解而产生的恐惧和忧虑。

2 帮助准妈妈按摩：准爸爸在临睡前(或每天固定时间)给准妈妈轻轻按摩腰腿，缓解孕期酸痛和水肿，使准妈妈放松精神、舒适地进入睡眠。

3 陪伴准妈妈散步：准爸爸每天清晨或傍晚陪伴准妈妈出去散步。在小区里或附近的公园里慢走，也可以适当地做孕妇体操，对准妈妈缓解压力是很有好处的。

4 多体谅准妈妈：许多准妈妈在怀孕后，由于身体和心理上的变化，常常脾气无端变坏，此时准爸爸应该比平时更加耐心和包容，温柔体贴，帮助准妈妈放松心情，缓解情绪。

营造良好的家庭气氛

和谐的家庭气氛是造就身心健康后代的基础。在和睦相处的氛围中准妈妈得到的是温馨的心理感受，胎宝宝也能在如此良好的环境中获得最佳熏陶，从而促进身心的健康发育。

在准妈妈的整个妊娠过程中，大多数的时间都是在家中度过的，家庭气氛和谐与否对胎宝宝的生长发育影响很大。

良好的家庭氛围需要夫妻双方共同努力营造。一方面准妈妈自己要注意调节不良情绪，另一方面准爸爸的努力也很重要，准爸爸更要积极热忱地为准妈妈及腹内的胎宝宝做好服务。

准爸爸要努力营造良好家庭氛围

1 准爸爸应体贴照顾妻子，主动承担家务，常陪妻子消遣，不与妻子争执。

2 准爸爸要做到不过量饮酒，不在妻子面前抽烟，节制性生活。

3 准爸爸还应多看一些家庭幽默书籍，以活跃家庭气氛，增进夫妻情趣，也能使准妈妈心身愉快。

4 多听听准妈妈的意见和想法，帮助她实现心中所想。

5 如果与父母同住，准爸爸还要注意协调婆媳关系，避免婆媳矛盾影响家庭关系。

6 时常布置一下家庭环境，改换一下家具的位置，或添置一些有趣的小玩意等，可能给孕期的妻子带来意想不到的惊喜。

总之，夫妻之间要互敬、互爱、互勉、互慰、互谅、互让，经常交流感情。

周总理的八互歌

周总理夫妇根据几十年的生活实践，总结出了一首“八互歌”，可以作为夫妻共创温馨家庭的准则，歌词主要大意是：

一互敬，多协商。二互爱，情意长。
三互信，莫乱想。四互勉，共向上。
五互助，热心肠。六互让，不逞强。
七互谅，心坦荡。八互慰，暖心房。
合家欢，乐无疆。八互歌，切莫忘。
努力做，认真想。携手进，路宽广。

“八互歌”高度概括了夫妻关系处理上双方应遵循的道德准则，同时也道出了能使夫妻和谐与家庭温馨的秘诀。夫妻间互敬互爱是共同创造温馨家庭的感情基础。

小贴士

准妈妈不应因为怀孕而拒绝做任何家务，适当地做些较轻的家务活是有益无害的。准爸爸下了班，准妈妈不妨温柔地问一声“累了吧？”递上一杯水，准爸爸即使再疲劳也会觉得家很温暖，对准妈妈也会更加体贴、关心、爱护。

陪准妈妈去做第一次产检

准妈妈需在12周时做第一次产检，一般都安排在建档时。大城市大医院产科床位有限但前来建档的准妈妈却不少，想去这些热门医院建档的准妈妈宜早做准备，最好7～8周的时候就去预约。

在第一次产检之前，准爸爸应和准妈妈一起仔细考虑一下产检时会遇到的问题，帮助准妈妈搜集和记录更全面的信息，做出一个第一次产检的爱心帖，预约产检医院。到了预定的日期，陪准妈妈从容地去检查。做产检的当日宜早点出门，因为检查项目不少，而且候诊人比较多，如果出门晚，等候时间太长，容易劳累。

ξ 着装问题

做产检时穿的衣服要宽松，容易穿脱。不要穿连衣裙，以免在某些检查时，需要把裙子全部提起，导致全身暴露而尴尬。最好的搭配是前开口的上衣和大摆的裙子或宽松的裤子。鞋子要避免复杂的系带鞋子，尽量好穿脱。

ξ 医生的提问

在产检时，医生会问一些问题，包括准妈妈的月经周期、末次月经时间、怀孕的次数、分娩次数、流产次数和流产方式、既往病史、手术外伤史以及药物过敏史等。另外，还会问准爸爸的年龄和身体状况，以及夫妻双方的家族遗传病史等。家族有无遗传病史，准妈妈要提前了解一下。

ξ 产检项目准备

产检项目比较平常，包括身高、体重、血压、宫高、腹围、胎方位、胎心、尿常规、血常规、心电图等，不需要提前准备什么。有的医院会安排采血，提前咨询医生，听从医生安排即可。

ξ 其他问题

如果准爸爸和准妈妈还有一些其他健康问题，可以记录下来，产检时主动告诉医生，确保获得更加周到的孕期保健服务，包括心理问题或其他准爸妈认为有疑惑的任何问题。

语言胎教

斯瑟蒂克：胎宝宝在耳朵长好之前就已具备听人讲话的能力了。如果用“听”来表达不合适的话，可以改用“领会”一词，也就是说，胎宝宝在用耳朵听之前是用心来领会、理解的。不过目前还不清楚这一时期是从什么时候开始的。

散文诗《水仙》，贴近大自然

水仙的动人，在每个人眼里可能都不一样。水仙触动了你的哪根神经呢，给爱人和胎宝宝读一读这首诗，感受诗人华兹华斯与水仙之间的故事吧。

我孤独地漫游，像一朵云
在山丘和谷地上飘荡，
忽然间我看见一群
金色的水仙花迎春开放，
在树荫下，在湖水边，
迎着微风起舞翩翩。
连绵不绝，如繁星灿烂，
在银河里闪闪发光，
它们沿着湖湾的边缘，
延伸成无穷无尽的一行；
我一眼看见了一万朵，
在欢舞之中起伏颠簸。
粼粼波光也跳着舞，
水仙的欢欣却胜过水波；
与这样快活的伴侣为伍，
诗人怎能不满心快乐！
我久久凝望，却想象不到，
这奇景赋予我多少财宝。
每当我躺在床上不眠，
或心神空茫，或默默沉思，
它们常在心灵中闪现，
那是孤独之中的福；
于是我的心便涨满幸福，
和水仙一同翩翩起舞。

——华兹华斯（英国）

故事《狐狸的窗户》，看到你的愿望

今天讲一个关于狐狸的神奇故事吧。用手指搭成一个菱形的窗户，可以看到你和宝宝未来的美好生活。

狐狸的窗户——看到你的愿望

这是一个猎人在山上迷路碰到一只小狐狸的故事。小狐狸住在一片蓝色桔梗花的花田里，开着一家商店名为“印染•桔梗店”。它给猎人染蓝了手指，用蓝色的手指组成菱形的窗户，可以看到你想看到的东西。小狐狸的窗户看到了狐狸妈妈，猎人的窗户看到了曾经喜欢的姑娘，看到了怀恋的庭院和在家里忙碌的妈妈。后来，猎人不小心洗掉了手指上的印染，但忘不了用手指头组成窗户看的习惯。

将你的手指搭成窗户，结合下面的词句，看看你能看到什么？

把你的手指染蓝搭成窗户吧

把你的手指染蓝吧 染蓝吧
用漂亮的桔梗花
透过小小的窗户
可以看到宝宝天使般的容颜

把你的手指染蓝吧 染蓝吧
用小小的桔梗花
透过小小的窗户
可以看到宝宝胖胖的手臂
亲昵地抱住你的脖子

把你的手指染蓝吧 染蓝吧
用香香的桔梗花
透过小小的窗户
可以看到宝宝花朵般的嘴唇
亲吻在你的脸颊

小贴士

安房直子是日本著名的女性童话作家，她的作品最大的特点是想象。读一读她写的童话故事，会让准妈妈感觉生活更美好。

音乐胎教

斯瑟蒂克：吃完早餐我迅速收拾好饭桌，晾起早晨放进洗衣机里的衣物。在擦桌子、洗碟子、晾衣服的时候，我总是唱字母歌，有时唱自己熟悉的名曲给胎宝宝听。在情绪不佳、嗓子不好的时候就放唱片。

名曲《杜鹃圆舞曲》，感受浓浓春意

这首曲子是约纳森在1918—1930年间为无声影片做钢琴配乐时即兴而作。曲调优美，音乐形象生动鲜明，带有浓浓的春意，特点是模仿杜鹃鸣叫的音调。

《杜鹃圆舞曲》在曲调和节奏上，具有挪威民间舞曲的风格。乐曲一开始节奏轻快、活泼，描绘了一幅生机盎然的景象，接着曲调表现出杜鹃在林中飞来飞去的浓浓春意，形成了温和、迷人的气氛。

春天是一个充满了希望和朝气的季节，《杜鹃圆舞曲》用音乐为准妈妈和胎宝宝带来了春天的声音。听这首春意盎然的曲子，能让准妈妈一整天都充满朝气和活力，赶走孕期的心理压力。胎宝宝也能受到乐曲的感染，体验到欢快的情绪。

小贴士

好的音乐不仅让人通体舒畅，还能让人想象到无法亲临体会的美丽场景。

《月 光》

德彪西(1862—1918)是法国浪漫主义作曲家中最著名的一位。在很多地方，他的油画像总会被挂在音乐教室的墙壁上，许多浪漫主义影视作品（比如岩井俊二的影片）也常常以他的作品作为背景音乐，其中《月光》就是他脍炙人口的代表作。

德彪西的钢琴小曲《月光》，描绘了月光的美丽与神秘。美丽的旋律暗示了对月光的印象，仿佛能让人看到月光闪烁的皎洁，把灵秀的月光倾洒下的水一样的银辉展现得淋漓尽致，让人如同置身于晴朗而幽静的氛围之中。

ξ 怎么来听

在柔美的月夜里，或者在你想要听音乐的任何时候，闭上眼睛，播放这曲《月光》，让每一个音符在你的心里流淌，想象心中的那片月色。这种美丽让你回味无穷，你的情感和这静谧的音乐定会搭配得天衣无缝，而这样的美感也会通过你的感觉神经静静地感染着你腹中的胎宝宝。

ξ 与贝多芬《月光》的区别

贝多芬与德彪西均有名作《月光》传世，虽同为浪漫主义作品，但两人的风格有很大的不同。

贝多芬的月光是月光下流淌的故事，流畅的旋律将故事娓娓道来，而德彪西的月光就是月光本身，一夜倾城。如果说“静”是贝多芬《月光》的最大特点的话，那么“动”便是德彪西《月光》的精髓所在。在他的音乐里，月光如水般倾泻，缓缓流淌，充盈整个房间。

小贴士

现在，准妈妈的乳房腺体及组织正在增大，不久以后现在的胸衣会显得有些小，因此准妈妈需要准备一下更换大一点的胸衣，不妨到专卖孕妇内衣的店里去咨询一下。

美育胎教

斯瑟蒂克：为了使腹中的胎宝宝能茁壮成长、身心健康，我们用去了每天的大部分时间。每天下午都出去散步，有时为了能在风景美丽的野外呼吸下新鲜空气，我就和约瑟夫一起去近郊郊游。

布置优美的家居房间

优美的环境，能对人的神经起到调节作用，也能对准妈妈的性格、心情起到改善、缓和的作用。一个干净整洁、安静舒适的居室还会使准妈妈从精神上感到愉快。

家庭环境的布置，是准妈妈的物质、精神生活统一和谐的黏合剂，这不仅能对准妈妈的精神生活起到一定作用，而且也能促进胎宝宝的良好发育。

ξ 色调与居室装饰

居室的色彩布置应该因准妈妈工作种类、个性性格等不同而有所变化。

一般来说，在纷繁复杂的环境中工作的准妈妈，居室色彩应该简洁、温柔、清淡，如乳白色、淡蓝色、淡紫色、淡绿色等。因为白色给人一种清洁、朴素、坦率、纯洁的印象，其他如淡蓝色、淡紫色等给人一种深远、冷清、高雅、安静的感觉。准妈妈从繁乱的工作环境中回到宁静优美的房间，内心的烦闷便会趋于平和、安详，心情也会稳定。

如果准妈妈是在紧张、安静、技术要求高，神经经常保持紧绷状态的环境工作，家中不妨用粉红色、橘黄色、黄褐色布置。因为这些颜色都会给人一种健康、活泼、发展、鲜艳、悦目、希望的感觉。准妈妈从单调的色彩环境、紧张的工作状态中回到生机盎然、轻松活泼的环境中，神经可以得到松弛，体力也可以得到恢复。

布置居室环境

居室除了装饰，还要进行绿化布置，而且应以轻松、温柔的格调为主。无论盆花、插花装饰，均以小型为佳，不宜用大红大紫，花香也不宜太浓。准妈妈在被花朵装饰得温柔、雅致的房间里，一定有舒适轻松的感觉，这有利于消除准妈妈的疲劳，增添情趣。

在居室的墙壁上还可以悬挂一些活泼可爱的婴儿宝宝的画像或照片。他们可爱的形象会使准妈妈产生许多美好的遐想，形成良好的心理状态。另外，悬挂一些景象壮观的油画也是有益的，它不仅能增加居室的自然色彩，而且能使人的视野开阔。试想，茂密的森林、淙淙流水、蓝天白云、海浪、沙滩……多么令人神往。即使是紧张、劳累了一天，准妈妈也可以在这优美的环境里得到很好的休养。

除此之外，还可以在居室悬挂一些隽永的书法作品，时时欣赏，以陶冶性情。书法作品的内容常常是令人深思的名句，从中不仅能欣赏字体的美，更能感到有一种使人健康向上，给人以鼓舞和力量的作用在时时激励自己。

在这优美的环境里，准妈妈还可以培养自己更广泛的兴趣，如可以自己种一些花草，喂养一些漂亮的小鱼等。这些都能够陶冶准妈妈的情操，感受到那种旺盛的生命力是无处不在的，进而产生美好的联想。

小贴士

准妈妈要经常到空气清新、风景秀丽的地方游览，多听听悦耳动听的音乐，多看看美丽的图画和花草，以调节情绪。这样不仅可使准妈妈心情舒畅，体内各系统功能处于最佳状态，还可以使胎宝宝处于最佳的生长发育环境，对于希望自己的胎宝宝聪明漂亮的准爸妈是十分必要的。

和胎宝宝一起画画

在雪白的画纸上将自己的情感表达出来并不是一件容易的事情，特别是对于有些认为自己完全没有美术细胞的准妈妈来说更是如此。不过这些都没有关系，准妈妈所画的并不是要拿给别人欣赏的作品，我们更应该关心的是，在作画的时候自己是否做到了一直保持镇定，以及是否有与胎宝宝共同参与的感觉。

画画就像接受心理治疗一样，可以达到释放内心情绪的目的。这种能够缓解压力的活动所起到的胎教效果比鉴赏画作高出数倍。所以，准妈妈不妨带着愉快的心情与胎宝宝一起画画吧。

ξ 试着给胎宝宝画个红苹果

1.先取一张画纸，可以准备一个绘画本，如果一时没有，也可以用普通白纸代替。

2.准备几支彩色蜡笔或铅笔，便于画画的时候涂上漂亮的颜色。

3.准妈妈先在纸上画个圆形。

4.将圆形的顶部中央修改成心形样。

5.画上苹果把儿。

6.用红色的彩笔将苹果涂色。

7.向胎宝宝做介绍：这个大苹果红红的，多漂亮，吃起来甜甜的、沙沙的，可好吃了。

ξ 准妈妈画画可以随心所欲

准妈妈没有画画的经验或者是画得比较少也没关系，可以自己先学着画。在学的过程中，不论是动脑还是动手，都能波及胎宝宝，变成母子同学。

所以，准妈妈在画画时不必拘谨，可以随心所欲地去画。蓝天、白云、树木或是孩子漂亮的面庞等都可作为素材。准妈妈要尽可能多地接触不同的色彩和素材，甚至可以对着从医院带出来的B超图片画一画胎宝宝现在的模样。

小贴士

准妈妈画画最好用蜡笔或者彩色铅笔，不要接触油画颜料。颜料一般有刺鼻的气味，准妈妈接触时间长了，有可能损害胎宝宝的神经系统。

Part 5

第4个月

（13~16周）

斯瑟蒂克说胎教

Sise Dike Shuotaijiao

当孩子还在母亲腹中的时候，做母亲的无论在精神方面、健康方面，或是平时行动方面都必须特别注意。因为母亲生活中的任何行为都将给胎宝宝以极大的影响。

准妈妈与胎宝宝的变化

斯瑟蒂克：我在怀孕的时候总是对自己说，如果母亲常持有一种平静的、开朗的、和蔼的心情，那么，胎宝宝就会受此影响，完成身心的良好发育。

准妈妈：早孕反应大多已经过去

进入孕4月，大部分准妈妈已经度过了孕育历程中最艰难坎坷的时光，心态趋向平稳，身体状况也稳定了许多。

由于早孕反应减轻甚至消失，准妈妈的胃口开始变得好起来，每天都会吃下比平时多许多的食物。准妈妈腹部开始有一点点隆起，但从外面还看不出来。躺在床上时，准妈妈可以在耻骨上方摸到一个小小的凸起，那就是增大后的子宫。

由于体内黄体素的增加，新陈代谢的加快，此时准妈妈的体温相比以前明显升高。如果是夏天，准妈妈会发现自己比从前更不耐热。

由于雌激素和孕激素水平上升，准妈妈的口腔敏感度提高，牙龈常处于充血状态，这就使准妈妈的口腔变得很“娇气”，有时轻轻一碰就会牙龈出血。如果吃不好或休息不够，准妈妈会感到牙龈肿痛。此时准妈妈应加倍小心地护理自己的口腔，预防各种口腔疾病。

随着子宫的增大，心慌、气短等中后期不适开始找上门来，便秘或腹泻的情况可能更严重。此外，由于怀孕期间鼻膜充血，有的准妈妈会在此时出现鼻塞，过敏性体质的人情况会更严重些。

小贴士

由于此时体内的激素已经达到比较高的水平，准妈妈会发现自己比以往更容易生气，常常莫名其妙地发起火来。其实，这没有什么好难为情的，大部分准妈妈这个时候都是如此。

胎宝宝：胎心音变得很有力

到了第13周，胎宝宝的眼睛在头的额部更为突出，两眼之间的距离拉近了；五官的轮廓更加清晰，脸部看起来更像人了。随着神经细胞的增殖和神经突触的进一步形成，胎宝宝的条件反射能力加强，手指开始能与手掌握紧，脚趾与脚底也可以弯曲。如果准妈妈用手轻轻碰触腹部，胎宝宝就会蠕动起来，但准妈妈仍然感觉不到。

到第14周时，此时的胎宝宝外生殖器发育已经完全成形。这周是胎宝宝的心率最快的时期，可高达每分钟160次。此时，胎宝宝的胃内消化腺和口腔内唾液腺开始形成；腹壁开始增厚，并有了一定的防御能力，以保护内脏。

第15周时，胎宝宝的味蕾开始形成，并开始感受到羊水的味道。由于怀孕期间女性所吃的食物的味道会影响羊水的味道，此时，胎宝宝可能在通过羊水品尝准妈妈吃过的食物的味道呢！

虽然眼睑还完全闭合着，但是胎宝宝已经可以感觉到光了。如果准妈妈用手电筒照射肚子，胎宝宝很可能会躲开光源。由于神经系统的发育，胎宝宝已经能做许多动作：他可以握紧拳头、眯眼睛、皱眉头、做鬼脸，甚至开始吸吮自己的大拇指。

到了第16周，胎宝宝体内的一些更高级的系统，如循环系统和泌尿系统，开始发挥作用。此时，胎宝宝的胃内开始产生胃液，肾脏开始产生尿液，并会把尿液排到羊水中。但是不用担心，宝宝的尿液还没有毒，也不会使羊水变得浑浊不清，因为准妈妈会及时为宝宝清理羊水中的废弃物。这一周还会出现一个可喜的变化，就是胎宝宝开始打嗝了。打嗝是胎宝宝呼吸的先兆。此时胎宝宝气管内充斥的是流动的液体，因此准妈妈听不到任何声音。

小贴士

虽然胎宝宝还很小，但已经有了触觉，可以感受到外界的爱抚了，准妈妈别忘了每天轻柔地抚摸一下肚皮。

情绪胎教

斯瑟蒂克：约瑟夫除了做本职的机械工之外，还常做一些建筑方面的副业，要到很晚才回家，他为我和孩子不知花去了多少精力。当我看到他那个样子时，就觉得自己这点妊娠反应不算什么了，这样我就能很平静地度过每一天。约瑟夫在下班早的日子或是休息日总是为将来3个人能更舒适地生活而修理房间、收拾院子，并向着正在为胎宝宝歌唱的我招手。

学会摆脱不良胎梦的困扰

不少准妈妈孕期都会做一些关于胎宝宝的梦，而且有些梦，尤其在怀孕后期，常常很逼真，又有些恐怖，搅得准妈妈心绪不宁。面对不良梦境，准妈妈该怎么办呢？

正视自己的梦境，明白这是正常的

对于准妈妈来说，由于身体和心理上的变化，做梦可能较常人要频繁，但是准妈妈要坚信，做梦是正常现象，梦境绝对不是预言！

做梦不但是正常现象，而且，梦境在准妈妈这个特殊阶段有着很重要的作用。梦境可能会反应出一些准妈妈需要考虑或关注的事情。如：准妈妈梦见自己不能喂宝宝，很可能反映了你担心自己不知道怎样照顾刚出生的孩子。准妈妈不妨把梦当作解读自己内

心世界的一个机会，一旦认识到自己的担心，通常就能坦然地去面对它们了。

学会交流，放松心情

假如噩梦在头脑中“阴魂不散”，准妈妈不妨把梦讲给家人或好朋友所，将自己的担忧说出来。当然，准妈妈也可以请心理医生分析一下梦境，专家的意见可能会让准妈妈豁然开朗，这样那些不好的梦境会减少甚至消失。

充实自己

不少准妈妈怀孕后就辞了工作，十分闲暇。其实，过于闲暇正是胡思乱想的催化剂，而忙碌恰恰剥夺了头脑“跑偏”的机会。

准妈妈要学会充实自己，培养兴趣爱好，使生活充满色彩。一本好书、一支优美的田园交响曲、一个讲给胎宝宝听的故事、一段记录下来的逸闻趣事，都可以作为填充大脑的内容，让准妈妈走出不良梦境的困扰。

小贴士

准妈妈如果不是因为情绪问题引起的经常性噩梦，则要尽早到医院检查，以保证安全度过孕期。

冥想可以营造更好的心境

如果准妈妈能时常静下心来冥想，这将对准妈妈保持好心情有很大的帮助。

冥想时，准妈妈的压力和紧张感可以得到释放，恐惧、焦虑、忧郁等不良情绪也会慢慢消散，还能帮助准妈妈开发潜在的心灵智慧，提高专注力和洞察力，让心灵变得纯净起来，并产生新的活力，从而身心变得平和。

准妈妈的精神状态，生活方式和思考方式都会对腹中胎儿产生影响，因此准妈妈做冥想训练可以使胎宝宝心情平静，健康生长。

准妈妈如何进行冥想训练

1 保持轻松的姿势，坐着挺直背部，手心向上，放在膝盖上，轻轻挺起胸部，将脸部稍稍向上抬，闭上眼睛。

2 让自己平静下来，想象一些美好的事物，比如海滩边，看着潮汐进退，配合呼吸。潮汐来了，吸气；潮汐退了，呼气，然后让脑袋逐渐地放空。

3 慢慢地吐气，默默地想象：我现在很舒服，很放松，这种放松的感觉真好，我可以看到紫色的门，这扇门一打开，就可以看到腹中的宝宝。

4 开始时，即使冥想无法顺利进行，也不需要急躁，准妈妈不妨跟胎宝宝说一说话，如：宝宝，妈妈好爱你，你要健康地长大。并告诉他，他即将诞生的地方是一个很快乐的地方等。

冥想时要注意什么

1 尽量穿宽松的衣服，有利于身心放松。

2 每天早晚在心情平和的时候进行冥想，每次10~15分钟。

3 排除不良的意识和联想。准妈妈的想象内容十分重要，美好内容的想象无疑会对胎宝宝产生美的熏陶，内容不佳的想象，则会起到反面作用，或把准妈妈本不想传递给胎宝宝的信息传递给了胎宝宝。这时胎宝宝在母体内就会意识到母亲的这种不良感受，从而引起精神上的异常反应。在这种情况下发育的胎宝宝出生后大多数会有情感障碍，出现感觉迟钝、情绪不稳、易患胃肠疾病、体质差等现象。因此，准妈妈必须在妊娠期间排除不良的意识和联想，尽量多想些美好的事情，将善良、温柔的母爱充分地体现出来，通过各方面的爱护促进胎宝宝的成长。

小贴士

准妈妈可以想象的内容十分丰富，可以想象和准爸爸恋爱的幸福时光，可以想象将来宝宝的样子，只要这种想象能唤起准妈妈愉悦的感受就可以。

营养胎教

斯瑟蒂克：约瑟夫常常看一些有关营养的书，提一些很好的建议。他曾看到一本书上说孕期所需要的营养有“钙、磷、铁、维生素A、维生素B_1、维生素B_2、维生素C、维生素D、维生素E”，于是就常劝我喝牛奶，吃猪肝、菠菜等。

适量增加饮食量满足热量需求

现在准妈妈已经进入了孕中期，不仅准妈妈的体重将迅速增加，胎宝宝也进入了快速生长发育期。从孕10周开始，准妈妈将保持大约每周增重500克的速度，这就要求相应的增加准妈妈的饮食量来补充。

不过，如果准妈妈认为自己可以开怀大吃，那就错了。孕中期的饮食量并不需要增加许多，因为孕中期只需要每日比孕早期增加200千卡的热量需求，这些热量相当于大半碗米饭，或一个中等大小的鸡蛋加200克牛奶，或一片面包加一杯130克酸奶，或一片面包加一个中等大小的苹果。

小贴士

过敏与遗传息息相关，准妈妈的过敏体质可能会进一步诱发胎宝宝的过敏体质。未来宝宝出生之后，成为过敏儿的概率就会大增。因此，准妈妈应该避免可能让你过敏的食物，如海鲜类食物等。

粗细粮的科学搭配比例

粗粮中的膳食纤维丰富，维生素、矿物质也比精细粮含得多，搭配吃一些可作为有益的营养补充。《中国居民膳食指南》中建议，粗粮每人每天可吃50克以上，但是考虑到准妈妈的胃肠消化能力较弱，最好控制在每天50克以内，不要超量。

吃粗粮后若感到不舒服，可以多喝些水，帮助消化。因为粗粮中含有大量膳食纤维，这些膳食纤维进入肠道，如果没有充足的水分配合，肠道的蠕动容易受到影响，进而影响消化，引起不适。一般多吃一倍膳食纤维，就要多喝一倍水。

巧妙地把粗粮掺入饭菜中

有些准妈妈不爱吃粗粮怎么办？也好办。可以在煮粥或米饭的时候，直接放点粗粮，如玉米、红豆之类的（豆类、燕麦、糙米等都难煮，如与大米同煮，应事先浸泡）。或者在做菜的时候，让粗粮也入菜，增加粗粮的美味度，准妈妈就会在不知不觉中吃上粗粮了（粗粮与肉类搭配可相得益彰，互相补充对方缺乏的营养）。

家中如果有豆浆机，还可以把多种粗粮一起放入打成米糊，再调点蜂蜜，就容易入口了。也可以直接购买各种粗粮制成的粉，调成糊食用。

只要动动脑子，改变一下烹调方式，不爱吃粗粮的准妈妈也可以轻松吃上粗粮。

松仁玉米

准备：100克炒熟的松仁，一小碗玉米粒。

做法：将玉米粒洗净，放入开水锅煮至8成熟，捞出沥干水。然后烧热油锅，放入适量葱花爆香，将玉米粒放入锅中，加适量盐和白糖，翻炒片刻，倒入适量水，加盖焖3分钟，最后将松仁倒在玉米上即可食用。

选择好吃又营养的零食

因为准妈妈在孕期消化能力减弱，一般建议孕期采用少吃多餐的方式。随着恶心、呕吐等早孕反应的减轻和消失，准妈妈的食欲日渐好转，想吃的东西越来越多，饮食的量也逐步增加，吃零食是不可避免的。不过，现在吃零食可不能像孕前那般随意了。准妈妈得明白哪些零食是可吃的，哪些零食最好少碰。

选择零食的原则

1 为准妈妈选择零食应以卫生、健康为第一守则。高糖、高油、高脂类零食应被排除在准妈妈的零食清单之外。即使特馋，也要少吃。这类食物大多还不容易消化，吃了会加重准妈妈的肠胃负担。

2 零食所含添加剂越少越好。现在正规的食品包装上都会标明所含的添加剂、色素。这些添加剂虽然短期内并不会对准妈妈和胎宝宝产生影响，但长期累积之后，肯定对健康不利。

3 口味重、刺激的零食少碰。比如冰棍、超辣的泡椒凤爪、特咸的罐头鱼等，多吃影响口腔和牙齿健康，刺激肠胃，可能加重多种孕期不适。准妈妈不要为了一时的口腹之欲放纵自己。

4 少吃没有什么营养的零食，如果冻、膨化食品（虾条等）。这些零食虽然口味很好，但其实大多都富含添加剂，所含营养很少，吃了对身体没有什么益处，反而容易影响正常进食。

适合准妈妈吃的零食

谷类食物：谷物食品中含有大量的膳食纤维，既可以增加饱腹感，又可以促进肠道蠕动，清理肠道环境，缓解便秘。你可以在两餐间吃一些全麦面包、燕麦片等，作为加餐的基础。

新鲜水果：水果是准妈妈孕期必不可少的营养食品，它可以为准妈妈和胎宝宝补充多种维生素及膳食纤维。而且大部分水果都含有较多的水分和糖分，既解渴又充饥。每天吃水果以200～400克为宜，不要超过500克。

坚果：核桃仁、松子仁、杏仁、榛子、腰果等坚果含有准妈妈和胎宝宝所需的多种微量元素，能够迅速补充能量、消除疲劳，还有滋润头发和皮肤的作用。坚果的进食量不宜过多，每天吃2～3次，每次一小把即可。

牛奶或酸奶：牛奶和酸奶含有丰富的蛋白质、脂肪和钙质，作为准妈妈的正餐或者零食，都是不错的选择。牛奶或酸奶每天喝500毫升为宜，不要一次喝完。如果是袋装牛奶，早晨和晚上临睡前各喝一袋即可，如果是杯装酸奶，每天喝2～3杯。

小贴士

吃零食需要有节制，否则不仅会影响正常进餐，还容易使体重增长过快，导致肥胖。零食是有益的补充，但不能替代正餐。吃零食的最佳时间是两餐之间，而不是餐前餐后的时间。消夜最好吃低热量、不胀肚的零食，以免影响睡眠质量。

自制鲜榨果蔬汁，营养又通便

自制果蔬汁既营养又好消化。对于不喜欢吃水果或蔬菜的准妈妈来说，喝上一杯葡萄汁或胡萝卜汁是一种获得维生素、矿物质的简单方法。

黄瓜猕猴桃汁

材料：猕猴桃1个（约100克），黄瓜半根（约100克），蜂蜜适量。

做法：1.猕猴桃去皮切成块，黄瓜洗净切成丁。

2.将猕猴桃块和黄瓜丁一同放入榨汁机中，倒入适量的凉开水，搅拌1分钟左右。

3.将搅拌好的汁液倒入杯中，调入蜂蜜即可。

胡萝卜草莓汁

材料：胡萝卜1个（约200克），草莓10颗，冰糖少许。

做法：1.将胡萝卜切成可放入榨汁机的大小；草莓洗净去蒂。

2.将草莓、胡萝卜加少量凉开水榨成汁。

3.将做好的蔬菜汁倒入杯中，加入少许冰糖即可。

苹果菠萝汁

材料：菠萝50克，苹果1个（约150克）。

做法：1.将菠萝去皮，切成小块；苹果洗净，去皮、去籽后切块。

2. 将切好的菠萝、苹果加入榨汁机中，加少量凉开水榨成汁即可。

准爸爸胎教

斯瑟蒂克：约瑟夫对我说："进行胎教必须有一个安定舒适的环境，使你没有任何不安和担心，只要你能把满腔的爱都倾注在孩子身上，我会竭尽全力做好一切。"

陪准妈妈一起对弈

对弈在古时候是指下围棋，现在将下棋统称为对弈。自古以来，琴棋书画就是我国传统的四大文化艺术，棋也是古代衡量人素质与修养的标准之一。下棋是一种有益的智力运动，能使准妈妈闪耀智慧的火花，是培养思维能力的高雅运动。下棋也被人们形象地称为"智慧体操"。

现在胎宝宝的大脑正在形成，他的脑部发育非常迅速，因此是对他进行适当脑部刺激的好机会。准爸爸陪准妈妈对弈，可以让准妈妈多动脑，帮胎宝宝开发他的潜能。

对弈的好处

1 锻炼智慧：对弈时，在不断提出和解决问题的过程中，能使大脑得到良好的锻炼。

2 增进记忆：对弈时对盘局的记忆训练可提高记忆能力。

3 陶冶性情：对弈过程中，要集中精神，静心定气，有助于思想品德修行的锻炼。

为什么要准爸爸陪

准爸爸一般都对下棋有更多的兴趣，更了解下棋的规则和战术。如果准妈妈以前不经常下棋，和准爸爸对弈，不用担心下得不好而被取笑。

小贴士

至于下哪种棋则可根据夫妻俩的喜好选择。围棋可以，象棋也不错，跳棋、五子棋等也是合适的选择。

制作专属于准妈妈的胎教音乐集

准妈妈也许会难以相信：胎宝宝很快就能听得到外界的声音了。

怀孕4～6个月时候，宝宝的听力逐渐形成。准妈妈的心跳声、肠鸣声他听得很真切，外界的声音也透过子宫传进来，若隐若现，让他对世界充满了好奇。

如果经常给胎宝宝播放舒缓、优美的音乐，会给他留下美好的记忆，并把这种好印象深深刻在脑海里。大多数受过音乐熏陶的胎宝宝出生后会喜欢听音乐。

音乐的神奇之处还在于，当人们听自己喜欢的音乐时，都会激起内心的幻想，从而让心灵得以安慰或愉悦。所以听音乐会让准妈妈心旷神怡，进而促进胎宝宝大脑发育。

音乐是胎教必不可少的一部分。如果能收集一些准妈妈喜欢又好听的胎教音乐，将它们集中到一张CD或U盘上，在播放时将会十分方便。准爸爸不妨花点小心思，制作这样一份礼物给准妈妈一个惊喜。

什么样的音乐适合做胎教音乐

一般来说，优美抒情的中国民乐、西方古典乐如《摇篮曲》或《圆舞曲》等对母子身心健康都是有益的。经典胎教音乐经过了时间和历代人的考验，一般都是比较适合的。

此外，每个人都有各自不同的喜好，准爸爸可以留心将找好的音乐找机会放给准妈妈听，观察她是否喜欢，如果不喜欢，就不要入选了。

但如果准妈妈倾向于听歌词复杂，曲调时而低沉、时而高亢甚至近乎嘶吼的音乐，也要谨慎选择，因为相比这样的音乐，胎宝宝更喜欢单纯、优美的旋律。

小贴士

音乐刻录或下载好后，准爸爸应该先试听一下。如果音质不好，杂音大，都会降低音乐胎教的效果，甚至成为噪声。刻录一次受用无穷的事情，准爸爸耐心一点是值得的。

语言胎教

斯瑟蒂克：清晨，我一睁开眼睛总是用愉快的声音对胎宝宝说：“早上好，我可爱的宝贝，让我们一起来度过这美好的一天吧。”然后去洗漱。洗脸、刷牙后常常一边梳头一边对着镜子自言自语，“啊，额头上长了一个粉刺”，“昨天晚上的柠檬面膜好像起作用了，脸上光滑极了”，等等。

有趣的谜语歌谣

一些谜语的谜面就是一首童谣，妙趣横生。下面的谜语也许你之前都看到过，这次跟胎宝宝一起来猜一猜，感觉肯定不一样。

食物谜语童谣

一物生得真奇怪，腰里长出胡子来，拔掉胡子剥开看，露出牙齿一排排。(玉米)

弟兄六七个，围着柱子坐，大家一分手，衣服全扯破。(大蒜)

脱去黄金袍，露出白玉体，身子比豆小，名字有三尺。(大米)

紫色树，开紫花，开过紫花结紫瓜，紫瓜里面装芝麻。(茄子)

小小金坛子，装着金饺子，吃掉金饺子，吐出白珠子。(橘子)

红口袋，绿口袋，有人怕，有人爱，爱它是样好小菜，怕它吃到嘴里眼泪来。(辣椒)

动物谜语童谣

身上一身毛，头上两个角，火气真不小，还会哞哞叫。(牛)

大耳朵，噘嘴巴，吃起饭来吧嗒吧，细尾巴，胖嘟嘟，吃罢就睡呼噜噜。(猪)

小小虫儿很勤劳，它本领真不小，会把粮食搬，还会打地道。(蚂蚁)

《青蛙王子》，童话总是最美好的

胎宝宝的听觉持续发育，准妈妈可以更多地跟胎宝宝对话，分享。给胎宝宝念一念美好的童话故事吧，你讲的故事会对胎宝宝形成良好的刺激，发展他的感知觉。

青蛙王子

在遥远的古代，有一个国王，国王有好几位公主，其中小公主最为漂亮，也最善良，连太阳都喜欢她，看见她就向她洒下万道金光。

小公主喜欢到森林里的一口井边玩耍，这一天她还是到这里来玩，手里还拿着她最喜欢的小金球。现在，井台上非常凉爽，她坐在井台上，手里拿着金球，抛上抛下，玩得正高兴。突然，一只小鸟快速飞了过来，直奔小公主的脸而来，小公主急忙转头避开，一不小心，手里的金球掉到井里去了。

这是小公主最喜欢的玩具，井深不见底，可怎么办呢？小公主站在井台边难过得哭起来。小公主哭呀哭呀，谁都安慰不了她，哭得正伤心时，突然一只青蛙跳出来说他能帮助小公主到井底把金球捡上来，小公主很高兴地感谢青蛙，对青蛙承诺到：“你要是能帮我把小金球捡上来，我愿意给你任何报酬，我的衣服、我的珍宝还有我的金冠，只要你要，都可以给你。”但是这些青蛙都不要，他说：“您的衣服、珍宝还有金冠，我都不需要，我只想要得到你的爱，就像你爱你的朋友一样，肯亲吻我一下，我就去捡金球。”小公主一口答应，青蛙一蹦就跳到井底去了，没一会金球真的被捡上来了。

小公主捡起金球却犹豫着不肯亲吻青蛙，因为青蛙看上去滑溜溜地，一点都不可爱，但是青蛙恳求道：“求求您，只要您肯吻我，我身上的咒语就可以解除。”小公主想到自己能帮他解除咒语，就心软了，她弯腰捧起青蛙，真的亲吻了青蛙。一眨眼的工夫，青蛙变成了了一个王子，长得亲切又迷人，他身上的咒语解除了。

青蛙爱上了善良的小公主，后来他们结婚，永远幸福地生活在一起了。

——选自《格林童话》

音乐胎教

斯瑟蒂克：母亲哼唱的歌曲，以及生活中处处皆有的音乐，能陶冶性情，对胎宝宝来说也是不可缺少的精神食粮。在厨房做菜的时候，在房间里大扫除的时候，或是晾晒衣服的时候，只要有时间就可以哼唱一些歌曲，让胎宝宝不断听到母亲那带着旋律的动人歌声，传递具体的“爱的信息”是十分重要的。

口笛曲《云雀》，仿若置身大自然

用口笛演奏的《云雀》，其音调会让准妈妈感觉仿佛与胎宝宝置身于大自然中。听着云雀啾啾，准妈妈的情绪也会随之变得好起来。

在音乐中想象云雀的叫声

人类本是大自然的杰作。我们常常说，大自然是我们的母亲，准妈妈亲近大自然不仅是自我的回归，也可让胎宝宝一起领略到大自然的魅力。有时候，听一曲胎教音乐同样可以让心灵回归自然，《云雀》正是这样的音乐。

这种看起来其貌不扬的小动物拥有顶级的歌喉。它的鸣声较复杂，音律多变，飞翔时盘旋上升，且飞且鸣。准妈妈在音乐声中完全可以想象出云雀一飞冲天的样子。

《摇篮曲》

《摇篮曲》原是一首通俗歌曲，作于1868年。相传是勃拉姆斯为祝贺法柏夫人第二个儿子的出生而作的。法柏夫人是维也纳著名的歌唱家，1859年勃拉姆斯在汉堡时，曾被她优美的歌声所感动从而建立了深厚的友谊，后来就利用她喜欢的圆舞曲的曲调作为伴奏，作成了这首平易可亲、感情真挚的《摇篮曲》送给她。勃拉姆斯很喜欢他的《摇篮曲》，10年之后，当他创作《D大调第二交响曲》时，《摇篮曲》的主题动机竟自然地出现在这部交响曲的第一乐章里。

这首《摇篮曲》节奏舒缓，曲调恬静而悠扬，带来的将是宁静与闲适，仿佛是母亲在轻拍着宝宝入睡，生动地表现了母亲温柔慈爱的内心情感，让准妈妈和胎宝宝在与旋律一同摇摆的过程中，享受着梦境般的美好。后人曾将这首歌曲改编为轻音乐，在世界上广为流传，就像一首民谣那样深入人心。

《摇篮曲》特别适合伴随着准妈妈和胎宝宝进入甜美的梦乡，因此在晚上临睡前听一听非常不错哦。听的时候不妨慢慢闭上眼睛，想象自己正在轻轻摇着睡梦中的宝宝。

美育胎教

斯瑟蒂克：科学迄今告诉我们的是：人类用了35亿年才完成的生命进化的历史，而人类的胎宝宝却用10个月就完成了这一过程。可见他有多么了不起的力量。在这10个月中，胎宝宝的大脑在母腹中由最原始的脑逐渐发展成高级动物的脑，进而再发展成灵长类的脑。其速度远远超过我们的想象，生命是如此神奇。

《放牛班的春天》

电影简介

导演：Christophe Barratier

编剧：Christophe Barratier / Philippe Lopes-Curval

主演：杰拉尔•朱诺 / 弗朗西斯•贝尔兰德 / 尚-巴堤•莫里耶 / 玛丽•布奈尔 / 凯德•麦拉德 / 雅克•贝汉

语言：法语

片长：97 分钟

音乐家克莱门特到了一所外号叫“塘底”的男子寄宿学校当助理教师。学校里的学生大部分都是难缠的问题儿童，性格沉静的克莱门特尝试用自己的方法改善这种状况。他重新开始创作音乐作品，组织合唱团，决定用音乐来打开学生们封闭的心灵。

不得不提的是，电影中的音乐真的非常好听，孩子们的声音毫无人工做作的痕迹，天然而纯净。在这部影片中，我们可以看到音乐的力量，它可以改变一个人的生活，即使是最简单的音乐。

春天早就在那儿，等候着我们到达，它不是谁能够送给谁的。如果我们迷了路，最需要的将是一位微笑的领路人。

好书《月亮忘记了》，感受温暖与美

几米的绘本故事《月亮忘记了》开始于一个失足坠楼的男子。在从五楼坠落的过程中，天上的一轮明月被带了下来，失去月亮的城市在黑暗中变得慌乱，失去月亮的人们企图人工复制月亮以唤起甜蜜的记忆，却终究无法赶走强烈的孤独感。枯萎的树梢、受伤的人工月亮，都像是在控诉人们曾经不懂得珍惜。

如果有一天，月亮不再高挂夜空，那将是怎样的一个世界？我们都习惯了有月亮的日子，当有一天，月亮不在了，你会想些什么呢？会不会也像几米这样想象月亮去了哪里，过着什么样的生活呢？

在得到与失去、记忆与遗忘、孤独与关爱之间，几米用画笔诉说了一个感伤但温暖的故事。

孤独的人们，遗忘了对爱的记忆！不过，走失的月亮并没有孤独太久。拾得月亮的小男孩像是驯服了狐狸的小王子，有了一个只属于他的月亮，为他微笑，为他发光，在衣橱里探险，在窗前跳舞，在屋顶分享神秘而安静的时刻。

小男孩的温暖，让月亮遗忘了陨落的孤独。

《月亮忘记了》会让你和胎宝宝感受到美的存在。这种美在月亮中，在生活中，在你心中，在生命的每一个角落里。

Part 6

第5个月

（17~20周）

斯瑟蒂克说胎教

Sise Dike Shuotaijiao

从怀孕第5个月到分娩的这段时间被称为妊娠后期。胎宝宝的皮肤感觉和味觉已经发育成熟。皮肤感觉里包括痛感、温暖感、压迫感。

准妈妈与胎宝宝的变化

斯瑟蒂克：到了第5个月，准妈妈的某些变化已经显而易见，公交车上即使不表明准妈妈身份，也可能会有人让座了。

准妈妈：感觉到了胎动

准妈妈的体重在这个月里会出现直线式上升，腹部也会从微凸转变为明显的隆起状态。在以后的日子里，准妈妈的腹部会凸出得越来越明显，“孕味”也越来越足。

由于此时准妈妈体内的孕激素、雌激素水平很高，脑垂体分泌的促黑色素细胞激素也大大增加，准妈妈皮肤中的黑色素细胞功能增强。一些准妈妈的鼻梁、双颊、前额等部位会从怀孕第5个月起出现蝴蝶形的黄褐色斑块，这就是妊娠斑。

妊娠纹主要出现在腹部。它的形成也是受了激素水平变化的影响。

有些准妈妈在进入第5个孕月后会出现头晕目眩的症状，这是准妈妈的心脏和血管一时难以适应体内一下子多出50%的血液的结果。为了减少眩晕，准妈妈在躺、坐、站、蹲间改变姿势时一定要轻柔、缓慢。尤其是上厕所时，蹲（坐）下和站起来时动作一定不要太猛，以免眩晕和跌倒。

很多准妈妈在本月都感受到了激动人心的胎动。

小贴士

孕中期每天补充1000毫克钙，可以充分满足胎宝宝发育和准妈妈自身的需要，预防因为缺钙而出现小腿抽筋、疲劳、牙齿松动等不适。

胎宝宝：在子宫里越动越频繁

17周，胎宝宝的骨骼发育将发生一个里程碑式的变化，那就是，以前像橡胶一样的软骨开始硬化为骨骼了。

怀孕第18周，胎宝宝已经可以自由活动骨架和关节，自然不肯浪费任何锻炼身体的机会。现在的胎宝宝特别好动，在妈妈的子宫里伸胳膊蹬腿，玩得不亦乐乎。大部分准妈妈会在这时感受到胎动，并且在以后的日子里越来越多地感觉到胎宝宝的各种动作。在这一周里，女宝宝的子宫和输卵管已经形成，并且已经到达恰当的位置；男宝宝的外生殖器也已初具规模。

19周起，胎宝宝的四肢与身体的比例已经变得正常了，头上也长出了头发。为了防止皮肤被羊水腐蚀而出问题，胎宝宝还分泌出一种黏稠的白色油脂状物质，用来将胎宝宝的皮肤和羊水隔离开，这就是胎脂。在出生前的日子里，这层胎脂将一直覆盖在胎宝宝的皮肤上；出生后，胎脂除了继续保护宝宝的皮肤，还可以防止宝宝的身体向空气中散发过多热量，维持宝宝体温的恒定。胎宝宝的大脑中开始出现嗅觉、味觉、听觉、视觉和触觉，胎宝宝的感觉器官发育进入了关键期。这时的胎宝宝已经有了听觉，可以听到妈妈的血液流过血管的声音、胃部消化的声音，甚至妈妈的说话声。此外，胎宝宝还对外部的触压有了感觉。如果准妈妈（或准爸爸）用手轻压腹部，甚至能感觉到胎宝宝反应时的蠕动。

到第20周，医生们测量胎宝宝的身长时已经改变了以前测量顶臀长——从头到臀的长度的做法，改为测量全身长——从头到脚的长度。这是因为，从这一周开始，胎宝宝蜷曲在躯干前的双腿已经开始舒展开，测量全身长度的难度没有以前那么大了。这一周的胎宝宝频繁地吞咽羊水，通过它来锻炼自己的消化系统。此外，胎宝宝还开始制造胎粪。

小贴士

胎宝宝能听到声音了，准妈妈要更注意自己的言行，不要给胎宝宝留下不好的印象。

情绪胎教

斯瑟蒂克："斯瑟蒂克式胎教法"的基本做法之一是将事物视觉化，再传递给胎儿。它的最大障碍是母亲持有杂乱、不安、恍惚的心情。要保持心情的平静，除了排除周围环境中的干扰以外，最要紧的莫过于自我情绪调整。

准妈妈爱漂亮，更能营造好心情

怀孕了，娇美的体形发生了很大的变化。有些准妈妈为此而痛苦、烦恼，认为自己失去了原有的苗条而丰满的身材，精力、体力都不如以前；又由于信心不足，有些准妈妈就不像以前那样顾及容貌了，其实大可不必这样。通过种种努力，准妈妈会变得更加美丽可爱，身体更加健康，精神更为舒畅。这会使腹中的胎宝宝处在一个安定、舒适的环境之中，这对胎宝宝的发育是大有好处的，而且，这也是胎教的良好基础。

打扮自己会令自己心情舒畅

事实上，美容、穿衣也是胎教。美丽是每一位女性所追求的，姣好的容颜会给准妈妈带来许多欢乐。怀孕了，准妈妈也可以精心打扮，虽然你不再苗条和拥有美丽身段，但你完全可以变得更可爱。别忘了那句话："可爱的一定是美丽的。"

另外，打扮一方面是自娱的一种方式，对自己容颜、服装的关心会使准妈妈忘掉妊娠中不快的反应；另一方面，化妆会使准妈

妈显得气色很好，准妈妈自己看了，心里也会舒服；别人看了，对你赞许几句，你也一定会很高兴的。

可见，打扮会使准妈妈保持自信、乐观、心情舒畅。因此，美容、打扮无论对准妈妈还是对胎宝宝都是很有意义的。

整洁是仪容美的关键

仪容美的关键在于整洁。准妈妈只要注意卫生，保持整齐，形象一定会大为改观的。由于激素的刺激和血液循环的加快，准妈妈的皮肤较以往会变得更加细腻红润，如果以前额头上有皱纹，这时也会消失。你还会发现发质也比以前好得多。因此，准妈妈的美自有一番风韵。

多注意脸部的美容

到了孕中期，准妈妈的身体大多已经不再苗条。为了弥补体形上的不足，应该更加注重脸部的美容。

头发要梳理得整齐美观，头发要剪短一些，服帖一些，这样准妈妈那略显沉重的体形就会显得轻松了许多。也可以把头发梳成一种使头显得小巧玲珑、完全露出脖子的发型。化妆要仔细、自然。

由于身体日渐粗大，质地太软、颜色灰暗、皱褶明显的衣料，准妈妈都不再合适。紧身的衣裙、粗毛线衫或是耸肩缩领的衣服也不适合准妈妈穿着。在选择连裤袜时，可以穿与裙子颜色协调一致的，这样会显得身材修长。

小贴士

怀孕几乎是每位女性一生当中都要经历的阶段。我们可以观察到身边大多数准妈妈分娩后不久就会像以前一样体态轻盈，姿容美丽。更重要的是，生育过的女性还会增添几分女性的成熟美。

别忘了二人世界的浪漫

因为怀孕，准妈妈的身边总是不缺人，朋友们纷纷送来祝福，长辈们更是有可能常常聚集到小家里，可能准爸妈已经很少有过恣意、轻松的二人生活了。这种情况下，别忘了给二人世界留点空间哦。

ξ 对准妈妈说的话

和女性天生的母性相比，男性通常对宝宝的到来有一点点恐惧，觉得升格做爸爸挺不可思议的，有点兴奋又有点不知所措。但是他还是满心欢喜地接受了这个事实，小心翼翼地迁就你怀孕后的坏脾气，想方设法逗你开心，包揽了家里的大小活计，一有空闲就收罗各种孕育知识，学着做各种营养好吃的食物……

也许他也有过疲惫感，对你怀孕后的小懒惰有一点意见，但是这些他都包容了，以至于你丝毫没有发现。当下一次他又忘记了情人节的玫瑰，不要耿耿于怀，不妨换下角色，这次你来给他送朵花或是小礼物吧。这样的浪漫会融化掉你们所有的不满和烦闷的。

ξ 对准爸爸说的话

也许你还不适应，老婆没有以前那般关心自己了，总是这也要你注意，那也要你防备，好像全世界都布满地雷；但有的时候她又比瓷娃娃还脆弱，干什么都要跟着你，几分钟不见就要给你打电话。多迁就她吧，腹中多了一个小生命，许多改变都不由她做主，烦人的孕吐弄得她晕头转向，种种莫名其妙的情绪变化让她身心俱疲。

人都是只对自己最亲密的人才会依赖，甚至当他是出气筒。如果她不是因为太爱你，怎么会对你耍小性子呢？对她说出你的甜言蜜语吧，哪怕只是简单的“我爱你”，也是对她莫大的安慰和支持。记得给她一顿烛光晚餐，为她洗脚，帮她按摩，努力记住你们爱的纪念日，这些私密的温柔行动，相信会一次一次俘获她的芳心。

营养胎教

斯瑟蒂克：饭桌上，蔬菜是一日三餐不可缺少的。同时因为罐装及冷冻的蔬菜含有很多盐分，所以全部该吃新鲜菜。原来在蔬菜旁边总是放着一大盘约瑟夫喜欢吃的肥肉，而这时他为了配合我而改吃瘦肉和仅用酱油调过味的鱼。

淡化妊娠斑的饮食调养法

妊娠斑也叫黄褐斑或蝴蝶斑，是由于孕期脑垂体分泌的促黑色素细胞激素增加，以及大量孕激素、雌激素的作用，致使皮肤中的黑色素细胞的功能增强并产生沉淀。产后数月皮肤上沉着的色素会逐渐变浅，并最终消失。也有可能消退不全，留下淡淡的茶色痕迹。

孕期长斑也与饮食有一定关系。假如你的饮食中缺少一种名为谷胱甘肽的物质，皮肤内的酪氨酸酶活性就会增加，从而导致黄褐斑“大举入侵”。缺乏维生素C也会加重色素沉着，让皮肤变得干燥、暗沉……适当的饮食调理，对于抑制妊娠斑的生长是非常有效的。

防止孕期长斑的饮食方法

1 番茄、洋葱、大蒜，可以合成谷胱甘肽，抑制酪氨酸酶的活性，从而减少色素的形成和沉积。

2 建议你多吃富含维生素C的蔬菜水果，如猕猴桃、白萝卜、荷兰豆、甜椒、小白菜、甘蓝、西蓝花、冬枣等，维生素C能有效抑制皮肤内多巴醌的氧化作用，使皮肤中深色氧化型色素转化为还原型浅色素，干扰黑色素的形成，预防色素沉淀，保持皮肤白皙。

3 少吃咸鱼、咸肉、火腿、香肠、虾皮、虾米等腌、腊、熏、炸的食品，少吃姜、辣椒等刺激性食品。

4 鱼搭配黄绿色蔬菜，鱼肉含有DHA、EPA，可以促进血液循环，蔬菜含有β胡萝卜素和维生素E，能防止DHA和EPA酸化，最大限度地改善肤色。

小贴士

美白祛斑类化妆品中一般都含有铅和汞，长期使用会严重危害人体的神经、消化道及泌尿系统，对准妈妈和胎宝宝产生伤害。不少化妆品中也含有铅等有害物质，如口红等，孕期最好减少使用。建议准妈妈在孕期改用纯天然的护肤品，必须化妆也只化淡妆。

孕期健康消暑饮品

一方面，怀孕期间准妈妈的胃肠蠕动变慢了，消化功能降低，如果大量食用生冷食物，如雪糕、冰牛奶等，会刺激胃黏膜，引发胃部的不适、疼痛、功能紊乱，甚至是胃炎，影响准妈妈对营养的吸收，继而影响胎宝宝的生长发育。

另一方面，雪糕、冰激凌等冷饮通常含较高的脂肪，但营养含量极低，对于本身代谢能力变弱的准妈妈来说，贪吃冷饮的后果很可能是引发肥胖、高血脂等。

往严重了说，贪吃生冷食物还可能引起血管收缩，影响胎盘供血。身体状况不佳的准妈妈若是吃冷饮过多，有可能会诱发宫缩，引起早产。

因此，建议准妈妈不要吃直接从冷冻室、冷藏室取出的食物，少吃雪糕、冰激凌等冷饮。一般的冷饮都要放到回升至室温方可食用。

荸荠西瓜菠萝汁

准备：荸荠10个，西瓜2片，菠萝半个。

做法：将荸荠洗净，去皮，切成2厘米见方的小块；西瓜取出瓜肉；菠萝去皮。将所有材料依次放入榨汁机中，加适量纯净水榨成汁，滤出果汁即可饮用。

樱桃核桃牛奶汁

准备：樱桃3个，核桃4个，牛奶1杯。

做法：将樱桃洗净，去核；核桃取核桃仁。樱桃和核桃仁一起放入榨汁机中，加牛奶榨成汁，即可饮用。

葡萄甜瓜柠檬汁

准备：葡萄15颗，甜瓜半个，柠檬汁1小匙。

做法：将葡萄洗净，去皮、去籽；甜瓜去皮、去籽、去瓤，洗净，切块。先将1杯纯净水倒入榨汁机中，再将葡萄、甜瓜放入榨汁机中榨成汁。将果汁倒入杯中，加入柠檬汁搅匀即可饮用。

计划一次甜蜜的短期旅行

这个时候准妈妈已经适应了孕期生活，胎宝宝也在稳定成长，若正好赶上秋高气爽的好天气，很适合做一次短期旅行。不过准爸爸最好能事先制订好甜蜜的出行计划。

旅行计划要点

在制订旅行计划时，你一定要考虑到胎宝宝，行程不要安排得太紧，也不要过于劳累。最好不要选择在旅游黄金周出游，而且要避免人多、复杂的地方。一般而言，空气清新、宁静的地方最理想，最好离家不太远，如有绿色的草地、湖泊则是最佳的选择。准妈妈如感到心旷神怡的话，胎宝宝也会从中受益。

旅行前的准备

1 在出行前，要好好地跟医生商量、讨论，带上医生开具的病历和相关证明，以及医生的联络方式，如果身体情况不适合，应果断取消行程。

2 随身携带药品，胃肠药、治疗外伤的药水、药膏、创可贴、花露水等，使用前要先看说明书上有无孕妇慎用的字样。

3 旅途中随时注意身体状况，若有任何身体不适，如下体出血、腹痛、腹胀等，应立即就医，不要轻视身体上的任何症状而继续旅行，以避免错过最佳诊治时机。

交通工具

孕期最好不要长时间乘坐飞机、船或汽车等交通工具。对准妈妈而言，这不同于平常的活动，身体活动虽少了，但必须长时间采用一种姿势，这种“旅行”带给准妈妈的不是欢乐而是疲惫。

小贴士

现在跟团旅游非常普遍，各种短期旅游名目繁多，但是不建议准妈妈跟团游，一则是无法控制路程，一上车可能就要坐5个小时以上，下车后也无法自由休息，准妈妈会吃不消。

学测宫底高，细致地表达你的爱

这个月的产检，医生就会为准妈妈安排子宫底高的检测项目了，结合腹围情况，就可以估计胎宝宝在宫内的发育情况。准爸爸可以用软皮尺来帮准妈妈测量一下，记录好数据。这需要一点耐心，也恰恰是一个表达爱意的好机会。

ξ 测量子宫底高的方法

子宫底高是指从下腹耻骨联合处至子宫底间的长度。测量的难点是如何找到子宫底，子宫底在饱腹时不容易找到，空腹时则相对容易，准妈妈平躺的时候比较容易找到。

寻找子宫底时，先让准妈妈平躺下来，找到耻骨，然后在肚脐上、下或平的位置轻轻触摸，直到摸到一个圆圆的轮廓，这就是子宫底了。

如果找不到，可以一只手放在肚脐的位置，另一只手轻轻从腹股沟的位置上下推动，这时候可以明显感觉到子宫被上下移动了，找到子宫底也就比较容易了。

找到子宫底后，拿软尺量出从耻骨联合处到子宫底的长度并记录下来就可以了。

子宫底高可以每周测 1 次，如果不是很有把握，可以在这个月产检时请教医生后再自行操作。

ξ 子宫底高的规律

怀孕24周之后，获取的子宫底测量数据通常会与孕周数（24周时宫底高约为24厘米，此后同理）吻合，也可能存在一些差异（增加或减少1～2厘米）。假如测量数据差异多次超过1～2厘米，则增加可能意味着多胎妊娠或羊水过多，减少则提示胎宝宝可能发育不良，要引起注意，并及时向医生反映。

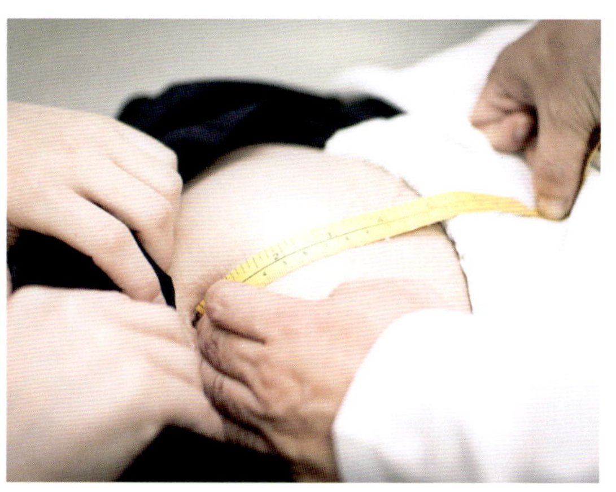

语言胎教

斯瑟蒂克：无论讲什么，都把自己作为故事中的人物来讲，通过自己的五官把看到的、感受到的一切传递给胎宝宝，并尽可能地使用“自己的语言”。我还把自己读小学时的经历以及成长以后的体验都一一回忆起来讲给胎宝宝听……我把这些都看成是一件十分美好和幸福的事情。

学一下手语，与胎宝宝沟通

手语同语言一样，是一种交流的方式。在手语的传递中，准妈妈的心绪会很宁静，这能对胎宝宝产生良性刺激。

另外，手语是全球唯一真正通用的语言，一种没有隔阂的语言，说明这是人类最本真的表达自己的方式。

在宝宝学会说话之前，坚持用手语和他交流，宝宝能更早地学会说话，而且以后的智商也比其他孩子高一些。而且，会使用手语表达自己需要的孩子，将来不容易被挫折感击倒。

ξ 幸福手语——妈妈爱你

妈妈：一手伸食指贴在嘴唇上。

爱：一手轻轻抚摩另一手拇指指背，表示一种“怜爱”的感情。

你：一手食指指向对方。正确的手语表达“你”的时候是指向对方，但是，在这里，你可以指向腹部，并温柔地注视。

ξ 幸福手语——欢迎你，小宝贝

欢迎：这是两个分解动作。第一步双手鼓掌。第二步双手掌心向上，往旁移动一下，如邀请动作。

你：一手食指指向对方。

小：一手拇指捏小指指尖。

宝贝：宝贝这个词也是分解动作。第一步右手虚握，然后甩腕，五指张开，掌心向下。第二步左手伸出拇指，手背向外。第三步右手轻拍几下左手背。

读诗歌《要怀着希望》，提升自己

和阅读一样，朗诵诗歌也是一个提升自己的方式。一些经典的好诗都是经过时间筛选而来的，是诗人生命、生活、品格、思想的体现。我们读诗的时候，获得体验，获得共鸣，也就提升了自己。

要怀着希望

西班牙 阿莱桑德雷•梅洛

你懂得生活吗？你懂。
你要它重复吗？你正在原地徘徊。
坐下，不要总是回首往事，要向前冲！
站起来，再挺起胸，这才是生活。
生活的道路啊，难道只有额头的汗水，
身上的荆棘，仆仆的风尘，心中的痛苦，而没有爱情和早晨？
继续，继续攀登吧，咫尺即是顶峰。
别再犹豫了，站起来，挺起胸，岂能放弃希望？
你没觉得吗？你耳边有一种无声的语言，
它没有语调，可你一定听得见。
它随着风儿，随着清新的空气，
掀动着你那褴褛的衣衫，
吹干了你汗淋淋的前额和双颊，
抹去了你脸上残存的泪斑。
在这黑夜即将来临的傍晚，
它梳理着你的灰发，那么耐心，缓缓。
挺起胸膛去迎接朝霞的蓝天，
希望之光在地平线上已经冉冉升起。
迈开坚定的步伐，认定方向，信赖我的支持，
迅猛地朝前追去……

音乐胎教

斯瑟蒂克：这一时期，胎宝宝对来自母体和外界的声音敏感起来。当听到母亲的心跳声和优美柔和的音乐，胎动就比较平稳；而当听到噪声和摇滚乐时，胎宝宝就会激烈地扭动起来。

和胎宝宝一起学首节奏明快的曲子

选择一些节奏较明快的胎教乐曲，用单曲循环的模式播放给胎宝宝听。胎宝宝容易被节奏明快的乐曲所吸引，如果不断地强化，胎宝宝出生后会对这些曲子有记忆的表现，这样就为胎宝宝出生后的音乐天赋提供了良好的信息。给新生儿再次听这些乐曲时，他会表现出极大的兴趣。

选一首节奏明快的乐曲

儿歌一般都是节奏明快，朗朗上口的。准爸爸准妈妈可以从这方面着手选择，其他合适的乐曲也可。下面我们推荐几首：

1 《小燕子》：边唱边联想燕子飞舞的动作，如果你擅长讲故事，用童话般的语言将春天的景象描述给胎宝宝听也不错。

2 《歌声与微笑》：边唱边在脑海里构成一幅幅春花遍山野的美丽画面。

3 《早操歌》：学唱时想象一下春、夏、秋、冬四季的变化，假设胎宝宝正在做早操。

多给胎宝宝哼唱一起学会的曲子

在任何时候，打扫房间、做饭、晾晒衣服时，都可以哼唱和胎宝宝一起学会的曲子，让胎宝宝多听一听父母的歌声，对胎宝宝身心皆有益处。要注意哼唱时声音不要太大，小声说话时那个音量就可以。

听《梦幻曲》，感受清新与自然

《梦幻曲》是舒曼于1838年创作的一首钢琴曲。罗伯特•舒曼（Robert Schumann，1810—1856）是19世纪上半叶德国音乐史上最突出的人物，在他的艺术创作中深刻地反映出德国浪漫主义的特点。

作为其《童年情景》中的一部分，《梦幻曲》描写了儿童的快乐生活，表现了成年人对童年时光的回忆。这首曲子欢快动人，饶有情趣，具有动人的抒情风格和芬芳的幻想色彩，能使准妈妈和胎宝宝在不知不觉中被引入轻盈缥缈的梦幻世界。梦幻般的音符，娓娓动听中绽开一脸如花灿烂的微笑，枕着快乐和惬意，梦也沉醉。

听这首曲子，特别适合把音量调到若隐若现的状态。在优美动人的旋律中，准妈妈和胎宝宝会感受到清新与自然。准妈妈在给胎宝宝朗诵诗歌或者是讲故事的时候，也可以用这首曲子来配乐，意境再美不过了。

小贴士

如果你需要拾东西，在东西不太重的情况下，你可以尽量用腿力提起来，避免使用腰力，方法是：弯下膝盖，保持背部挺直，抓起东西，然后伸直双腿拿起来。

美育胎教

斯瑟蒂克：约瑟夫总是这样对我讲："婴儿在出生前就已开始学习。到第5个月，耳朵就能听得见声响，并逐渐能听得懂我们所说的话了。胎宝宝在你腹中无事可做，一定无聊极了。快！大点声用温和的语调给他念书吧，对他讲动物、花草，让他了解外边的世界是多么美好。"

欣赏泥娃娃

造型拙朴、有趣的彩塑泥娃娃非常可爱，是深受大家喜爱的民间美术品。

泥人张瞬息而成的手艺

在民间，有一个大名鼎鼎的彩塑泥娃娃制作人——泥人张。"泥人张"是天津张明山的艺名。他有一手绝技：只要和人对面坐着，就可以在衣袖中不动声色地将对面那个人捏出来，而且连神情都非常像，栩栩如生。相传有一次，有个叫海张五的人出言不逊，嘲笑泥人张的手艺。泥人张抠出一块泥，几个手指头飞快捏弄，捏出了个海张五。第二天，几个小杂货摊上就摆出来成批生产的海张五。旁边还有个纸条"贱卖海张五"，街上来来往往的人，谁看谁乐。最后，海张五派人花了大价钱，才把这些泥人全买走。泥人是没了，可"贱卖海张五"这事却传了100多年，直到今天。

泥娃娃欣赏

和胎宝宝一起捏个泥娃娃

教准妈妈捏一个可爱的小娃娃，可以给孕期生活增添不少情趣。

需要准备的东西：一些彩色橡皮泥。

手工步骤：

1.用黑色的橡皮泥捏出娃娃的头发、眉毛、耳朵、圆圆的小眼睛和嘴巴。

2.用肉色的橡皮泥搓一个小圆球做娃娃的头部，然后粘上头发、眉毛、耳朵、眼睛和嘴巴。

3.用红色的橡皮泥搓一个大一些的圆球做娃娃的身体部分，将上面搓尖。

4.在身体尖的部分插上火柴棒或者是牙签，然后将头部插上固定住。

5.稍做修整，安装完成。

小贴士

现在市面上有很多教宝宝做手工的图画书籍，能帮助我们完成更多丰富有趣的娃娃。准妈妈如果有兴趣的话，可以买一本回来参考练习。

泥娃娃

泥娃娃，泥娃娃
泥呀泥娃娃
也有那眉毛也有那眼睛
眼睛不会眨
泥娃娃，泥娃娃
泥呀泥娃娃
也有那鼻子也有那嘴巴
嘴巴不说话
她是个假娃娃
不是个真娃娃
她没有亲爱的爸爸也没有妈妈
泥娃娃，泥娃娃
泥呀泥娃娃
我做她爸爸我做她妈妈
永远爱着她

准妈妈一边做的时候可以一边向胎宝宝做介绍：现在在捏娃娃的哪个部位，娃娃的头发是什么颜色等，让腹中的胎宝宝也对这个泥娃娃有个初步的“印象”。

闪光卡片胎教

斯瑟蒂克：真正使用“闪光卡片”作为胎教教材，是从怀孕第5个月开始的。

如何利用闪光卡片进行胎教

1 做好准备。为了使胎宝宝与准妈妈感觉合拍，准妈妈要先进行一下深呼吸，让心绪宁静，再给胎宝宝一个信号，如告诉胎宝宝：现在开始教你数字了，让我们一起来学习吧。

2 将要教胎宝宝的内容视觉化、形象化。拿起准备好的卡片，集中注意力凝视其形状和颜色。这还不够，比如“1”这个数字，即使视觉化了，对于胎宝宝来说，也是一个极为枯燥的形象。为了学习起来有兴趣，准妈妈可以给胎宝宝描绘由“1”联想起来的事物，如：“竖起来的铅笔”“一根电线杆”“食指”等。

3 将实物与闪光卡片对照起来运用。例如，在一个苹果旁边再放一个苹果，就变成两个苹果，用算式表示就得出“1+1＝2”这个式子，再通过准妈妈的视觉将其印在脑子里，同时出声地对胎宝宝讲：“这里有一个苹果，我再从筐子里拿一个摆在这儿，现在变成几个了？”准妈妈要把注意力集中在眼前的苹果和算式上，要和胎宝宝一起思考，代替胎宝宝回答“两个”并传递给胎宝宝。

小贴士

在教胎宝宝“海豚”“草莓”等单词时，如果能找到带颜色的图画或照片就更好了，它能帮助准妈妈对这一事物的颜色和形状有更明确的视觉印象。

和胎宝宝一起认识字母

准备：选择一些稍大点的白纸，将白纸裁成若干等大的正方形，大小可随意，但不要太小，最好宽15厘米以上；准备一些彩色笔，可选择那些线条稍微粗一些的；另外还要准备一支钢笔或黑色签字笔。

开始操作：在白纸上用彩色笔写上A、B、C3个字母的大小写，写的时候可事先考虑一下色彩搭配，先用鲜艳的色彩勾画，再用黑色勾边，使字体更醒目。

怎么做字母胎教

准妈妈可以先将几个字母和数字分别写在不同的卡片上，写的时候记得将音读出来，描摹的时候要集中注意力，加深印象，同时对所描摹的对象加以想象，比如A，可以想象这是一个铁塔，也像一个娃娃叉着腰，还像一顶尖帽子等。描摹完后，可以连贯地领着胎宝宝读几遍，同时还要记得不断地将平面的形象转化成生活中存在的立体信息，并通过想象传达给胎宝宝。

小贴士

用闪光卡片教胎宝宝字母和数字是很方便也很有效的，不过要注意集中注意力，并积极地联想，最好可以将你的想法也一一说出来，不仅让胎宝宝感受到，还要让他听到。

第 6 个月

（21~24周）

斯瑟蒂克说胎教

Sise Dike Shuotaijiao

曾为苏珊进行胎教而准备的字母卡片、算数图形卡片以及几十本的幼儿画册，都又被用作苏珊的幼儿教材再次使用，同时，这也是斯蒂西（二女儿）的胎教教材。

情绪胎教

斯瑟蒂克：当母亲愤怒、不安、悲哀时，身体内分泌出的激素及其大脑生成物质会通过胎盘传给胎儿，这样会使胎儿陷入和母亲一样的精神状态。

拍大肚照片，让幸福感长久停驻

孕中期是准妈妈状态最好，也是最美的时候。这个时期来拍摄一套大肚照是再合适不过的了，可以将幸福的瞬间完美定格，让幸福感长久停驻。

拍照的注意事项

1 拍孕期照应在准爸爸的陪同下进行，以免发生意外。准爸爸如果能加入到拍照的活动中就更好了，这样将来宝宝会知道，当初爸爸妈妈是多么辛苦，又是多么幸福。

2 最好选择专门给孕妇拍摄的影楼，会有很多孕妇服装可以选择，而且衣服一般会做消毒处理，不过还是建议带上自己的孕妇装。

3 有的摄影师为了追求效果，会在准妈妈的肚皮上彩绘，但是要注意颜料的质量问题，建议准妈妈最好不彩绘，以免影响到胎宝宝。

4 关于化妆美容方面，由于准妈妈的抵抗力偏弱，因此化淡妆就好，不要做指甲美容，带上自己的安全化妆品，影楼的化妆品多是公用的。

5 拍摄中要放松心情，愉快地表现出即将做妈妈的幸福感，表现最真实的状态。

6 考虑到拍照时间比较长，影楼旁边最好有卫生条件好的餐厅，或者自己带上食物和水，中途及时补充能量，并休息一下。

用心为特别纪念日做准备

日本学者五木宽之说：“为了让自己成为一个快乐的人，我决定每天寻找一件令自己快乐的事，哪怕它一闪即逝也没关系，把它记在我的记事本上……例如，今天早上搭电车时，幸运地坐在一个靠窗的位子，看着窗外飞逝而过的美丽风景，觉得相当的开心！”

快乐是自己营造的。还记得是在哪一天看到胎宝宝的第一张B超照片的吗？胎宝宝第一次出现胎动是在什么时候呢？今天他有没有带给你意外的惊喜？又是在哪一天，发现了两道令人欣喜的红杠杠……

记住这些特别纪念日吧，在以后的某一天，一些简简单单的事情也会因此而特别，给你带去很多快乐。

营养胎教

斯瑟蒂克：冰箱里总是放着原汁原味的纯橘子水，橘子水是补充维生素C的秘诀。维生素C无论对胎儿的发育，还是对母体的身体健康都是十分有好处的。

自制美味的南瓜小点心

需要准备的材料：

黄瓤小南瓜200克，糯米粉120克，白糖2大匙（30克），红豆沙80克，葡萄干2小匙（10克）。

制作步骤：

1.小南瓜削去外皮，洗净，切成小块，入蒸锅大火蒸20分钟，取出后用小勺碾成泥，放凉备用。

2.将糯米粉和白糖放入南瓜泥中，揉匀，制成南瓜面团。

3.将南瓜面团均分成小块，揉圆后按扁，包入少许红豆沙，然后收口，搓成圆球状，并稍稍压扁，呈扁圆形。

4.用小刀背在整好形的南瓜面团上压出瓣状纹路，做成小南瓜，在小南瓜顶上插入1枚葡萄干，装饰成南瓜蒂。

5.将小南瓜入笼大火蒸约6分钟即可。

这道南瓜小点不仅是金黄的小南瓜模样惹人喜爱，更赞的是其味道，能让准妈妈和胎宝宝品尝到正宗的南瓜味，而且其味甘甜软糯，非常令人回味。这道别致的小点心做起来也不难，大约半个小时就能“出炉”。快动手来做一做吧。

便秘频繁袭来怎么吃

怀孕后，由于胃肠道蠕动速度减慢、盆底肌肉群张力变弱、子宫的压迫等因素，食物通过胃肠道的时间明显延长，容易发生便秘，轻度的便秘会让准妈妈腹痛、腹胀；重者可导致肠梗阻，并引发早产。为了胎宝宝的安全，孕期要及时缓解便秘。

缓解便秘的饮食习惯

孕期便秘不能随便用药，最好是从饮食方面来进行调理：

1 多吃新鲜蔬菜，如芹菜、菠菜、大白菜、韭菜、南瓜等，不宜进食菠萝、柿子、桂圆等，这些水果会加重便秘。

2 膳食应以粗细搭配、荤素搭配为好，少吃被精制过的食物，多吃一些荞麦、高粱、玉米等粗粮。可以在煮饭时适当添加，既丰富了营养，又能防治便秘。

3 多喝水，尤其是每日清晨起床后，可以喝一杯温水，润通肠道，促进排便。

4 最好每天喝一杯酸奶，有助于加强消化功能，增加大便湿润度，促进其排出。一般在起床后30分钟到2个小时之间饮用酸奶效果最佳。

5 少吃辛辣和带刺激性的食物，避免大量饮酒。这些饮食都会导致大便秘结，加重便秘。

6 不易消化的食物如莲藕、蚕豆、荷包蛋、糯米等也要少吃，否则也会加重肠胃负担。

小贴士

便秘问题需要用药时，准妈妈应在医生指导下服用一些安全的通便药物，切勿盲目使用泻药、蓖麻油、番泻叶等有刺激性的药物。这些药物可能会引起腹部绞痛，轻则出现子宫收缩，严重的话可能会引起流产。

怎么吃可以预防缺铁性贫血

胎宝宝发育迅速，无论准妈妈体内铁储备是否充足，胎宝宝都会毫不客气地摄取，准妈妈对铁的需求比怀孕前增加。而且，饮食中铁的含量低，如果长时间铁的摄入不足，体内的游离铁和铁储备都会有所减少。

这种情况下，准妈妈就很容易出现缺铁性贫血。准妈妈如果出现疲倦、乏力、头晕、耳鸣、食欲不振、消化不良、烦躁不安、注意力不能集中、口唇及口腔黏膜呈苍白色等情况，就应考虑是否患贫血了。

如果在怀孕前就患有贫血或有影响铁吸收及有慢性失血的疾病，则会让母体与胎宝宝更容易发生缺铁性贫血，而且病情往往较重。本来不贫血的准妈妈也可能在怀孕以后出现贫血。假如铁质得不到充分补足，宝宝出生后也常常会发生营养性贫血。

所以，准妈妈在孕中期不要忽视了补铁。

如何补铁更科学

中国营养学会建议，准妈妈在孕中期每日铁的需要量为25毫克，孕晚期每日铁需要量为30毫克。准妈妈应当多吃含铁丰富的食物，比如动物血液、肉类、肝脏等富有血红素铁的动物性食品，以及菠菜、油菜这样含铁丰富的蔬菜。同时，补充含维生素C丰富的水果以利于增加铁的吸收，比如猕猴桃、柑橘、酸枣、柚子等。

其他含铁丰富的动物性食物还有猪肾、猪血、猪肝以及其他动物的肾、血、肝等。含铁多的食物有黄豆、豆制品、银耳、黑木耳、海带、海蜇、芹菜、荠菜等。

做菜时尽量使用铁锅、铁铲，这些炊具在烹制食物时会产生一些铁离子溶解于食物中，形成可溶性铁盐，容易让肠道吸收铁。

准妈妈只通过膳食来满足各种铁质需求比较困难，必要时可在医生的指导下补充铁剂，并且要坚持服用。服铁剂时，不要喝茶和牛奶，以免影响铁的吸收。

吃什么可以辅助消退妊娠纹

妊娠时腹部皮肤突然被拉开，基底层细胞受损，毛细血管拉伤、弹力纤维断裂，色素抽丝形成不规则体纹，这就是妊娠纹形成的原因。妊娠纹是一种生理变化，一经出现，不能消退，虽然不会损害健康，但会影响体态，因此准妈妈在孕期要注意饮食，尽量避免出现妊娠纹。

防治妊娠纹怎么吃

1 多吃富含胶原蛋白和弹性蛋白的食物，胶原蛋白能使细胞变得丰满，从而使肌肤充盈，妊娠纹减少。富含胶原蛋白和弹性蛋白的食物有猪蹄、动物筋腱和猪皮等，所以日常生活中猪肉最好带皮一起吃。

2 控制糖分摄入，要少吃色素含量高的一些食物。

3 每天早晚喝两杯脱脂牛奶，吃含食物纤维丰富的蔬菜、水果和富含维生素C的食物，以此增加细胞膜的通透性和皮肤的新陈代谢功能。

4 在怀孕期间要避免摄取过多的甜食及油炸食品，应摄取均衡的营养，改善肤质，帮助皮肤增加弹性。

小贴士

市面上有很多除妊娠纹霜，也可以使用，但要咨询清楚，避免对胎宝宝造成伤害。准妈妈可以从怀孕初期就坚持在容易出现妊娠纹的部位进行按摩，增加皮肤弹性。按摩油可以是橄榄油、婴儿油。

准爸爸胎教

斯瑟蒂克：出生后不久的婴儿常会有这种情况，即使不认识的女性，一逗他，他也会笑，而父亲一逗他，他就会哭。这正是从其胎宝宝时代到出生后的一段时间里不熟悉男性的声音所造成的。为了消除孩子对男性，包括对父亲所持有的不信任感，妊娠后期的父子对话是很重要的。

给准妈妈准备营养的早餐

如果准妈妈在孕期继续上班，准爸爸可以精心帮她准备一份营养的早餐和工作午餐。好营养和爱心胎教都是胎宝宝不可或缺的重要部分。

营养早餐要点

1 热稀饭、热燕麦片、热奶、热豆花、热面汤等热食，都可以起到温胃、养胃的作用，若是在寒冷的冬季，这点尤为重要。但要注意每顿必吃油条、油饼的习惯很不好，应改掉。

2 准妈妈每天应该摄取足量的钙，奶、豆制品可提供丰富的钙。除牛奶外，酸奶也富含钙，同时也有助于胃肠道健康。蛋类可提供丰富的铁质、蛋白质。

3 各种水果都可以吃一点。水果中富含维生素、叶酸和大量的食物纤维，可以帮助准妈妈保持体力，防止因缺水造成的疲劳。

4 瘦肉富含铁，并且易于被人体吸收。怀孕时孕妇血液总量会增加，多吃含铁食物可保证营养通过血液供给胎宝宝。

一日早餐推荐：牛奶或豆浆1碗、馒头或面包2片或瘦肉粥1碗、鸡蛋1个、少量蔬果。

给准妈妈做减轻水肿的营养美食

在整个孕期，尤其是孕中期后，准爸爸都可以经常下厨，本月下厨时可以侧重做一些能帮助减轻水肿的菜，帮准妈妈缓解水肿的困扰。

鲫鱼红豆汤

材料：鲫鱼250克、红豆100克。

做法：1.鲫鱼剖洗干净，红豆洗净。

2.将鲫鱼和红豆一起入锅煮熟。

美味提示：

此汤不加盐，每天喝一次，红豆、鱼、汤水均可吃，连吃数日即可见效。

清蒸冬瓜盅

材料：绿皮冬瓜500克，冬笋100克，水发冬菇100克，彩椒50克。

调料：香油1大匙，料酒1小匙，酱油 1大匙，食用油、白糖、水淀粉、高汤各适量。

做法：1.冬瓜选肉厚处用花槽刀挖出6个圆柱形，焯水后抹香油待用。

2.冬菇洗净切碎末，冬笋去皮切碎末，彩椒去籽、洗净，切末备用。

3.锅内放油烧至6成热，将各种末下入锅中煸炒，再加料酒、酱油、白糖、高汤，烧开后用淀粉勾厚芡，冷后成馅。

4.掏空冬瓜柱，填上馅儿，放盘中，上笼蒸10分钟取出，将盘中汤汁倒入锅里烧开，调好味后勾芡，浇在冬瓜盅上即可。

小贴士

怀孕后，基础代谢率提高约20%，这使得准妈妈在孕中期以后，很少会感觉到冷，甚至比男士更耐寒。即使天气转冷了，有些准妈妈还是穿得不厚。不过，也不要穿得过于单薄，孕期适当保暖还是必要的，只要不出汗就可以。大多数准妈妈在孕早期都有怕冷的感觉，到了孕中晚期就开始怕热了。

语言胎教

斯瑟蒂克：晚饭后的时间是充裕的，这时父女间的“交谈”便开始了。我代替苏珊把这一天的事情讲给约瑟夫听，而约瑟夫则靠近我的腹部，对胎宝宝讲他多么爱她，并讲述自己这一天的工作，见到哪些人以及发生了些什么事情。因为到晚上胎宝宝也困了，所以就不再教很多内容。

《仙人世界》

这首诗是泰戈尔所作，以一个孩子角度来看自己眼中的世界，借传说中的皇后、公主等形象，写出在孩子的心目中，自己的母亲就像这些仙人一样美丽动人。

仙人世界

如果人们知道了我的国王的宫殿在哪里，它就会消失在空气中的。

墙壁是白色的银，屋顶是耀眼的黄金。

皇后住在有七个庭院的宫苑里；她戴的一串珠宝，值得整整七个王国的全部财富。

不过，让我悄悄地告诉你，妈妈，我的国王的宫殿究竟在哪里。

它就在我们阳台的角上，在那栽着杜尔茜花的花盆放着的地方。

公主躺在远远的隔着七个不可逾越的重洋的那一岸沉睡着。

除了我自己，世界上便没有人能够找到她。

她臂上有镯子，她耳上挂着珍珠，她的头发拖到地板。

当我用我的魔杖点触她的时候，她就会醒过来，而当她微笑时，珠玉将会从她唇边落下来。

不过，让我在你的耳朵边悄悄地告诉你，妈妈，她就住在我们阳台的角上，在那栽着杜尔茜花的花盆放着的地方。

当你要到河里洗澡的时候，你走上屋顶的那座阳台来吧。

我就坐在墙的阴影所聚会的一个角落里。

我只让小猫儿跟我在一起，因为它知道那故事里的理发匠住的地方。

不过，让我在你的耳朵边悄悄地告诉你，妈妈，那故事里的理发匠到底住在哪里。

他住的地方，就在阳台的角上，在那栽着杜尔茜花的花盆放着的地方。

小贴士

全诗充满了童心童趣以及对母亲真挚的爱。从孩子描述的美丽景致中，准妈妈很容易联想起纯真可爱、想象力丰富的孩子形象，这是令准妈妈快乐的事情，也是令胎宝宝快乐的事情。准妈妈不妨为胎宝宝多读一读这首诗。

用英语和胎宝宝交谈

由于胎宝宝对声音已经具有了记忆的能力，因此，准妈妈如果在怀孕的时候经常与胎宝宝说英文，效果会更好。

跟胎宝宝说一些简单的英语

准妈妈可以讲一些很简单的英语，例如："This is Mommy" "It's a nice day" "Let's go to the park" "That is a cat"，将自己看见、听见的事情，以简单的英语对胎宝宝讲述。此外，还可以用已经替胎宝宝取好的名字与其进行"交谈"，例如："Lisa, I am your Mommy and I love you so much!" "Johnny, you are my lovely baby and I will try to give you anything that you like!"

口语不好的准妈妈可以借助音像制品

有的准妈妈觉得自己的英文能力有限、发音不够标准，或者觉得在"非英语为母语"的环境中实行英语胎教有一定困难，那么也可以选择一些句型简单、内容健康、重复性高的英文音像制品，借助它有趣的内容、清晰的发音、活泼的气氛，同样可以起到很好的效果。

小贴士

除了英语，准妈妈用方言(比如上海话、广东话)和胎宝宝说话，也可收到异曲同工的效果。因为胎教的作用，就是让胎宝宝及早对身边的声音有所认识。

音乐胎教

如果你自己能演奏乐器也不失为一个好方法。在你唱歌或听音乐时，不要忘记胎宝宝的存在，要时刻意识到胎宝宝在你的腹中正用心地倾听，这是很重要的。

笛子曲：《喜相逢》

笛子既能奏出欢快华丽的舞曲和婉转优美的小调，又能表现辽阔、宽广的情调，同时也可以演奏悠长、高亢的旋律，甚至可以表现大自然的各种声音，比如模仿各种鸟叫等，演奏技巧十分丰富。和胎宝宝一起听听这首喜庆的笛子曲吧。

《喜相逢》——锦上添花的音乐

这首《喜相逢》的乐曲音乐形象生动，具有浓厚的乡土气息。它通过极其传统的、较夸张的演奏技法，表现了亲朋久别重逢、全家团聚时的欢乐情景。在笛子清脆而圆润的乐音中，跳跃的音符会引领你进入欢欣雀跃的情绪中。

了解笛子的历史

笛子是由一根竹管做成的中国传统乐器，它的历史非常悠久。早在汉武帝时，笛子在当时的乐器中就占有非常重要的地位。到了10世纪，随着宋词元曲的崛起，笛子成了伴奏吟词唱曲的主要乐器。即使在现在，在民间戏曲以及少数民族剧种的乐队里，笛子也是不可缺少的乐器。

《对数儿歌》，胎宝宝最爱的重复

对数儿歌非常有特点，塑造了很多生动的动物形象，能通过准妈妈激发起胎宝宝丰富的想象，对于智力发育特别有好处。

对数儿歌

我说一，谁对一，哪个最爱把脸洗？
你说一，我对一，小猫最爱把脸洗。
我说二，谁对二，哪个尾巴像扇子？
你说二，我对二，孔雀尾巴像扇子。
我说三，谁对三，哪个跑路一溜烟？
你说三，我对三，兔子跑路一溜烟。
我说四，谁对四，哪个圆圆满身刺？
你说四，我对四，刺猬圆圆满身刺。
我说五，谁对五，哪个蹦跳上大树？
你说五，我对五，猴子蹦跳上大树。
我说六，谁对六，哪个扁嘴水里游？
你说六，我对六，鸭子扁嘴水里游。
我说七，谁对七，哪个叫人早早起？
你说七，我对七，公鸡叫人早早起。
我说八，谁对八，哪个鼻子长又大？
你说八，我对八，大象鼻子长又大。
我说九，谁对九，哪个天天沙漠里走？
你说九，我对九，骆驼天天沙漠里走。
我说十，谁对十，哪个耕地有本事？
你说十，我对十，黄牛耕地有本事。

美育胎教

斯瑟蒂克："如果你是女孩的话，等你的手够得到厨房的桌子了，就让你帮妈妈打鸡蛋。如果你是男孩的话，就让你帮我在餐桌上摆刀叉。"我一面在头脑中想象将来和孩子一起生活的情景，一面把我盼望的美好心情传递给胎宝宝。

学写毛笔字陶冶情操

毛笔字最好能天天写，两三天写一次也可，但三天打鱼两天晒网是起不到效果的，而且坚持不懈地练习对身体调整及性格培养会有益处。

需要准备的工具

毛笔

墨汁

纸张：刚开始练习用宣纸太浪费了，可用学生用十五格纸，用废报纸也行。

字帖：一本好字帖对于初学者非常重要，最好从真书（楷、隶、魏碑等）入手，行草比较难，不宜先行练习。

怎样开始写毛笔字

1.从笔画开始练起，再循序渐进，穿插带笔画的字进行练习，如"三、王"练横笔画，练熟后可以临古诗帖。

2.不练笔画，可以直接从练字开始，主要方法有：

描红：在勾勒出的字框内填写笔画，一般书店都有售。

摹临：在前人的法帖上覆上白纸临摹。

临摹：参照前人的法帖进行临摹。

背临：先学习消化前人的法帖，然后不看法帖完成书写。

欣赏优美的摄影作品

摄影是一门较为年轻的艺术门类。它是一种对现实高度概括的影像艺术，与任何艺术一样，它来源于生活而高于生活。拍摄者使用照相机反映社会生活和自然现象，用有艺术感染力的照片来表达思想感情。

摄影中包含的不仅仅是画面中表现出来的影像，还包含了诸如哲学、人类学、社会学、历史学、艺术史等方面的背景，是一种雅文化。准妈妈学会欣赏名家摄影作品，可令自己对艺术的理解更深刻，也可将艺术感染力传递给胎宝宝。

这个阶段，准妈妈不妨多欣赏一些优美的，以准妈妈和胎宝宝为主题的摄影作品。这样的作品特别能引起准妈妈的共鸣，艺术感染效果更好。

小贴士

如果准妈妈对摄影技术有一定了解，也可以尝试自己来摄影，做生活的摄影师。这不仅能提高艺术修养，还能提高对美学的把握，一举数得。

闪光卡片胎教

斯瑟蒂克：在我使用字母卡以及后来使用算数卡（包括计数卡）进行胎教时，就到为苏珊专门准备的小孩房间去。那小房间全部以自然本色为基调，给人以柔和的印象。在这样的空间会使所有的注意力都集中在卡片上。我把它深深地看进眼里，并用手指临摹它的笔画，来代替苏珊记住它。也就是说，苏珊能通过我的眼和大脑来识别文字和数字，并把它记住。

认识图形，帮胎宝宝增进空间感

胎宝宝的大脑更加精细，必要的丰富刺激可以促进大脑发育，而且准爸爸准妈妈与胎宝宝的每次互动都是交流手段。胎宝宝从父母的言行、感受中默默地学习。

和胎宝宝一起认识图形

准妈妈不妨用自己的言行和想象来教胎宝宝认识一下各种图形。胎宝宝对图形的认识可以强化他的空间感，将来他能更快地适应环境。

图形与生活结合效果更好

图形学习的重点是将学习内容融入生活中去，准妈妈先在脑中将图形视觉化，然后用生活中存在的东西来进行描述。这样的效果是最好、最生动的。

举个例子，要认识正方形，准妈妈可以先找一找身边哪些实物是正方形，比如穿衣

镜、电视机等，然后再为胎宝宝描述。可以先引导胎宝宝发现这样一些东西，如："明明，你看咱家的桌子是方的，看上去就是个正方形，还有什么和桌子长得像呢？"然后和他一起寻找，"哦，还有坐垫、窗子、本子、电脑……"

要提醒准妈妈，在你打算将看到的东西传达给胎宝宝时，一定要在头脑中成像，然后用温柔的语言说给他听："明明，这些都是正方形。"同时，还可以用手描这个图形的轮廓，这样胎宝宝就能更好地认识正方形了。

ξ 认识图形最好循序渐进

我们人类对任何事物的认识都有一个过程，一般学习都是循序渐进的，这个规律也适用于胎宝宝。在教胎宝宝认识图形时，最好一步一步来，可以先学完正方形、长方形、正三角形、圆形、半圆形、扇形、梯形、菱形等平面图形，然后再认识正方体、长方体、球体等。

当然，如果让胎宝宝先认识正方体也没什么问题，只要准爸爸准妈妈能和胎宝宝度过愉快的互动时光，先认识什么后认识什么都是次要的。

小贴士

如果有兴趣的话，现在可以去买一套积木玩具，在认识图形时将积木与生活用品进行联想，如怀表与圆形积木，这对认识图形很有帮助，而且胎宝宝出生后玩时也会有熟悉的感觉。

Part 8

第7个月

（25~28周）

斯瑟蒂克说胎教

Sise Dike Shuotaijiao

斯瑟蒂克：在怀孕期间，我常看伴有优美音乐的电视剧，因为那里面常常映现出大海、河流、林木、花草等美好的自然风光。

准妈妈与胎宝宝的变化

斯瑟蒂克：随着腹部的隆起，现在的准妈妈孕味十足，给自己准备几套美美的孕妇装装扮一下吧。

准妈妈：孕期不适频繁来袭

怀孕的第7个月，胎宝宝已经长到了1千克左右，再加上羊水、胎盘和准妈妈自身血液的增多，准妈妈此时的体重比孕前增加了7～10千克。

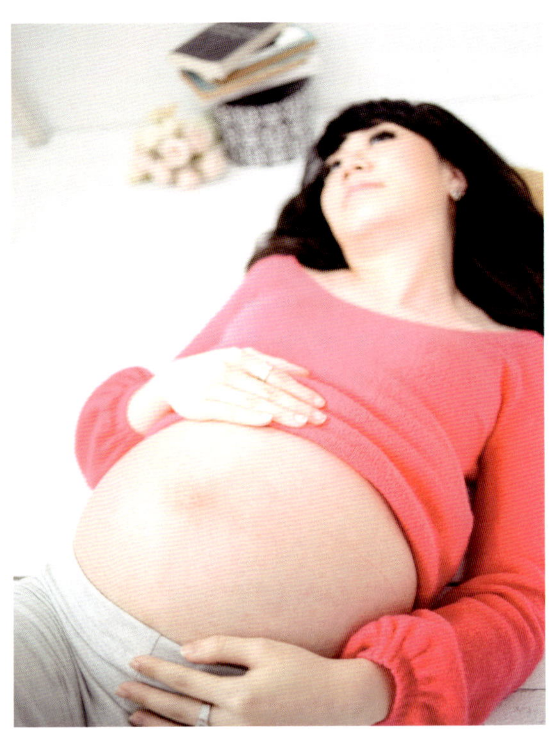

由于腹部越来越沉重，并且高高隆起，准妈妈会发现自己的动作开始有些笨拙，走路时也开始挺腹撑腰，呈现出十足的孕妇体态。

腹部的凸出使准妈妈的重心前移，为保持平衡，准妈妈需要持续向后用力，腰部肌肉经常处在紧张状态，因此会出现腰痛的症状。如果身体失去平衡（哪怕是极轻微的不平衡），还会感到背痛或腿痛。

准妈妈的乳房中乳腺管和腺泡不断增生，脂肪不断沉积，乳头继续增大、变黑。到了第28周前后，有些准妈妈会发现自己的乳房中开始流出少量乳黄色的乳汁，有时甚至会把准妈妈的衣服给打湿。这是准妈妈的身体在为产后哺乳做准备，是正常的生理现象。如果觉得泌乳打湿衣服令自己感觉不舒服，可以垫上乳垫。

并不是所有准妈妈都会在此时出现头痛、头晕现象。如果准妈妈存在妊娠高血压综合征或贫血，或者心理负担比较重，出现头痛、头晕的概率会大一些。如果在孕期中能够保持营养充足、身体健康、心态平和、心情愉快，完全可以避开头痛、头晕的纠缠。

浮肿、静脉曲张、便秘、痔疮可以说是几乎所有准妈妈都要经历的孕期考验，它们的“罪魁祸首”是同一个——不断增大的子宫。子宫压迫到下肢静脉，就会使准妈妈出现下肢水肿和静脉曲张；子宫压迫到直肠，就会使准妈妈出现便秘和痔疮。这些症状并不一定同时出现，有的准妈妈可能有水肿无静脉曲张，有的准妈妈可能有便秘无痔疮。即使一起出现，只要做好应对措施，准妈妈的健康和生活也都不会受到太大的影响。

小贴士

怀孕会导致一些眼部不适，如眼睛干涩、怕光等。如果实在太难受，可以在医生的指导下用一些具有湿润作用的眼药水，以缓解不适。

胎宝宝：踢肚子游戏玩得不亦乐乎

怀孕第25周，胎宝宝的味蕾开始形成，这就意味着，胎宝宝能品尝到味道了。

第26周的胎宝宝已经可以睁开眼睛了，虽然这时胎宝宝还看不到外面的世界，只能看到昏暗的子宫内部和包围着自己的羊水。如果用手电筒照准妈妈的腹部，胎宝宝会自动把头转向有光亮的地方。这说明胎宝宝视觉神经的功能已经开始发挥作用了。此时胎宝宝的耳蜗和外耳感觉末端器官已经完全形成，耳内的神经传导也正在发育，胎宝宝对声音越来越敏感了。

到27周时，胎宝宝的大脑已经发育到一定水平：大脑皮层表面出现特有的沟回，脑组织快速增长；大脑开始可以发出命令来控制全身机能和身体的活动；神经系统和感官系统的发育成果也很显著。胎宝宝的眼睛已经能够睁开和闭合，并且有了睡眠周期，甚至开始做梦。这一周的胎宝宝听觉得到了进一步的发展。随着准妈妈的腹壁变得更薄，外界的各种声音都可以传到胎宝宝的耳朵里，胎宝宝也开始记忆听到的声音。

到了第28周，胎宝宝心脏的形状和机能已经接近成人的状态。用超声波检查胎宝宝的心脏时可以看到四个腔室，左心室、右心室、左心房、右心房均已分隔形成。此时的胎宝宝肺部还没有完全成熟，但是已经具备一定的呼吸能力。如果此时发生早产，在外力的帮助下，胎宝宝的肺部已经能够发挥应有的机能，使胎宝宝自主呼吸。

小贴士

随着胎宝宝身体的长大，子宫内的空间越来越小，但胎动并没有因此而减弱，相反，随着身体的发育，胎动还更有力度，经常会动得准妈妈很不舒服。把手放在腹部就可以感觉到胎宝宝的活动，当胎宝宝踢腿或转动时，准妈妈甚至可以看到胎宝宝的脚及身体轮廓。

情绪胎教

斯瑟蒂克：当我心情焦躁、感到不愉快或者是生气的时候，即使到了规定的时间，也不会硬性坚持对苏珊讲话。因为在我自己心情不稳定的时候，苏珊也不会有要学习的欲望。每当这种时候，我就耐心地等待，一直到自己的心情恢复到如同黎明前的湖面一样平静。在此之前，我会采取到院子里采花、放喜欢的音乐或是给知心朋友打电话的办法来冲淡心中的不快。

胎宝宝能理解你的感情

胎宝宝和准妈妈的心灵是相通的。准妈妈如果受惊，胎宝宝也会出现受惊反应，而准妈妈高兴则胎宝宝也开心。

保持良好的感情交流

胎宝宝对于爱的感受力是非常敏锐的。良好的心态、融洽的感情不但是优生的重要条件，而且健康向上、愉快乐观的情绪还会使胎宝宝发育得更健康，分娩时也较顺利；反之，不良的情绪则会使得胎宝宝的身体和神经发育受到损害。

保持良好心态的方法

1 陶冶情操，多听一些优雅的音乐、多看美好的风景和图片，这样可以保持心态平和。

2 做做白日梦，幻想一下腹中宝宝的样子，猜猜胎宝宝在想什么，在心里跟胎宝宝说说话，这是和胎宝宝联络感情的好方法。

3 写日记。写日记是个抒发感情的好方法，写日记时要怀着一种让宝宝长大后来看的想法，这样你会发觉更多令人愉快的事情。

玩七巧拼板，让情绪舒畅

明末清初时，皇宫中的人也经常用七巧拼板来庆贺节日和娱乐，拼成各种吉祥图案和文字，所以故宫博物院现在还保存着当时的七巧板呢。18世纪七巧拼板一传到国外就立即引起人们极大的兴趣，甚至通宵达旦地玩，并叫它“唐图”，意思是“来自中国的拼图”。

简简单单的七块板，能拼出千变万化的图形。准妈妈心情不好时可以拼一下，相信无穷变化能让你忘记烦恼。

ξ 七巧拼板的来历

七巧拼板是由一种古代家具演变来的。我国宋朝有个叫黄伯思的人，他热情好客，发明了一种用6张小桌子组成的宴几（请客吃饭的桌子）。后来为了用餐时人人方便，气氛更好，有人把它改进为7张桌，可根据吃饭人数的不同，把桌子拼成不同的形状，比如3人拼成三角形，4人拼成长方形等。后来宴几演变成一种拼图玩具，由于巧妙好玩，人们叫它“七巧板”。

ξ 玩一玩——七巧拼板里的无穷变化

1 拼几何图形，如三角形、平行四边形、不规则的多角形等。

2 拼各种人物形象或者动物，如猫、狗、猪、马等，或桥、房子、塔，或是中英文字、符号。

3 说故事，将数十幅七巧板图片连成一幅幅连贯的图画，再根据图画内容说给胎宝宝听。如先拼出数只猫、几只狗、一间屋，再以猫和狗为主角给胎宝宝讲述一个动人的故事。

小贴士

在做拼图时，准妈妈会有许许多多思路和想法，还有很多美丽画面，不要吝啬自己的语言哦，将它们说一些给胎宝宝听，这就好比讲述一个动人的故事。

营养胎教

斯瑟蒂克：7点钟，面包烤好了，早餐的食物全部都摆在餐桌上了，这时便叫约瑟夫来吃早饭。我们相对而坐，互相说一句感谢的话后，便按习惯合掌说“我开始吃了”，于是开始吃饭。我这样做其实也是在对苏珊说：“吃饭吧。”

怎么吃可以缓解孕期牙病

孕期是牙龈炎、牙痛等多种口腔疾病的多发期。牙痛不可小视，因为引起牙龈疾病的细菌可以进入血液，通过胎盘感染胎宝宝。患有牙痛的准妈妈应该及早去看医生。

为了减少和缓解牙痛，日常饮食应做以下调整。

1 适量补充维生素C，能预防牙齿疾病。生活中的维生素C来源于新鲜的水果蔬菜如青椒、菜花、白菜、番茄、黄瓜、菠菜、柠檬、草莓、苹果等。患有牙齿疾病的准妈妈应该多吃，且注意烹煮以上食物时间不宜过长，以免维生素C大量流失。

2 进食宜温热，勿吃过酸过甜、过冷过热的食物。因为牙齿最适宜在35℃~36℃的口腔温度以及pH值为6.8左右的弱酸性环境中进行新陈代谢，若吃过冷、过热温差很大的饮食或过酸、过甜的刺激性食品，都会引起牙痛。因此准妈妈宜多吃清胃火及清肝火的食物，如南瓜、西瓜、荸荠、芹菜、萝卜等。

3 钙质充足可缓解牙齿疼痛。钙是构成人体骨骼和牙齿硬组织的主要元素。缺钙能造成牙釉质发育异常，抗龋能力降低，硬组织结构疏松。如果准妈妈感觉牙齿松动，可能是缺钙了，因此应多吃含钙丰富的食物。

可以缓解牙痛的食物

鸭蛋：鸭蛋性味甘、凉，能滋阴清肺，治膈热、齿痛。

皮蛋：皮蛋性凉，可治眼疼、牙疼、高血压、耳鸣眩晕等疾病。

牛膝：牛膝味苦、酸，性平。对缓解孕期牙痛也极有帮助，同时还具有活血祛瘀、补肝肾、强筋骨、利尿通淋等功效，

食醋：食醋加开水，混匀含漱，每日2次，连续2周，对准妈妈牙周炎引起的牙痛有极好疗效。

生姜：生姜泡水饮用也是缓解牙痛的一种方法。

大蒜：用捣碎的大蒜热敷在痛点上，可以治疗牙髓炎、牙周炎以及牙痛等症状。

小贴士

牙疼症状比较严重，只靠调节饮食达不到止痛效果的时候，建议准妈妈使用药物来缓解。因为口腔炎症本身对胎宝宝的影响可能比药物对胎宝宝的影响严重得多。但在服用缓解牙痛或治疗其他口腔疾病的药物时，一定要遵医嘱。另外，还要看药品说明书，如果标明“孕妇禁用”，那就一定不要用。

半夜腿抽筋是否因为缺钙

准妈妈在孕中期和孕晚期容易发生小腿抽筋。一个比较常见的原因是缺乏钙等矿物质。这一时期胎宝宝对钙的需求量迅速增加，如果准妈妈没有摄入充足的钙，胎宝宝就会从准妈妈的骨骼中吸收钙质，使准妈妈血液中的钙水平下降，神经、肌肉的兴奋性增加，引起腓肠肌痉挛（小腿抽筋）。加上孕期体重逐渐增加，双腿负担加重，腿部的肌肉经常处于疲劳状态，夜间血钙水平比日间要低，所以小腿抽筋常常在夜里发作。

另一个原因与腹部增大有关。增大的子宫压迫到了通向腿部的主要血管，导致下身的供血量减少，这也可能引起小腿抽筋。

如果确定是缺钙，准妈妈应该加强补钙，多吃牛奶、豆类及豆制品、坚果类、芝麻、虾皮等富含钙质的食物。还要注意在饮食中补充维生素D，多晒太阳，从而促进对钙的吸收和利用。缺钙严重的准妈妈则需到医院治疗，补充钙剂。

小贴士

使小腿蹬直、肌肉绷紧或局部按摩小腿肌肉，都可以缓解疼痛甚至使疼痛立即消失。如果准妈妈不是偶尔的小腿抽筋，而是经常的肌肉疼痛，或者腿部肿胀或触痛，应该去医院检查。因为这可能是下肢静脉血栓的征兆，需要立即治疗。虽然孕期血栓很少见，但是也应谨慎防范。

准爸爸胎教

约瑟夫：对妻子经常使用的煤气灶、电烤箱、吸尘器、洗衣机的性能及构造进行说明，另外比如挂钟、收音机为什么能发出声音，汽车怎么行驶的，飞机为什么能在空中飞行等问题，边画图边给胎宝宝讲也是很有趣的。还可以夸耀一下，自己去钓鱼时钓到或逃跑的鱼的大小，或者在高尔夫球场开球的时候挥球杆的姿势。

亲自给胎宝宝写个故事

胎宝宝越来越爱听准爸爸讲故事了。今天，亲自操刀给胎宝宝写个故事吧，准爸爸丰富的想象力会给胎宝宝带来惊喜的。

爱丽丝和哈利·波特

数学家为了邻居的女儿，写出了梦幻童话故事《爱丽丝漫游仙境》。英国妈妈J·K·罗琳为了满足女儿床前故事的要求，回想起火车上遇到的带着眼镜的小男孩，创造了哈利波特和一个魔法世界。你会为胎宝宝写出一个什么样的故事呢？

故事源自你的童心和爱

也许准爸爸在为写什么而苦恼，其实，生活中到处都是童话故事的素材：花圃里的月季花中有个花仙子的故事；那只在路边的小狗说不定经历了神奇的冒险之旅；正在搭乘的地铁竟是银河号，载着大家开向另一个美丽的星球……准爸爸也可以利用现有的童话，将所有主人公换成你和胎宝宝，让胎宝宝跟随准爸爸这个勇士，畅游美丽的童话世界。

小贴士

准爸爸在编写故事的同时，其实就是在培养胎宝宝的观察力、注意力、想象力和思维能力。

摸摸他，夸夸他

每个宝宝都喜欢父母的爱抚和夸奖，胎宝宝也不例外。准爸爸多摸摸他、夸夸他吧。你的爱抚和夸奖不但能促进胎宝宝动作能力的发展，还会让他长大后反应更机敏。

可以不时摸摸胎宝宝

在准妈妈胎动明显时，准爸爸可以不时轻轻地摸摸他，这能给胎宝宝安全感。胎宝宝也喜欢准爸爸的抚摸，你可以跟他说说一天的见闻，不但会让准妈妈感到温暖，也会让胎宝宝充分地感受到父母的关爱，家的温馨。

夸奖让胎宝宝更聪明

几乎所有的准爸爸都希望自己的宝宝更聪明，那就尝试运用夸奖的方法，将你美好的愿望、祝愿传递给胎宝宝吧。比如，准爸爸可以抚摸着胎宝宝夸奖道："宝宝今天真乖，不但努力地生长，还认真学习爸爸教的东西呢。"这种夸奖对胎宝宝身心发育有很好的促进作用。

小贴士

准爸妈的抚摸和对话，能让胎宝宝感觉受到重视与疼爱，并觉得愉快和欣慰，有安全感，也有利于增进夫妻间的情感，使全家浸润在幸福的气氛中。

语言胎教

斯瑟蒂克：从早上醒来到晚上睡觉，你或你的家人做了些什么？想了些什么？有什么感想？说了些什么话？这些都要用你的语言讲给胎宝宝听。这既是一堂常识课，也是母子共同体验生活节奏的一个方法。

优美的抒情诗，《爱之降临》

在阳光充足的午后，轻柔地朗读一首优美的抒情诗，和胎宝宝一起品味其中的美好，共同感受诗人的浪漫情怀。这对于准妈妈来说，是一次美好的体验。

这首诗是英国浪漫主义诗人柯勒律治（1772—1834）的作品。他写过不少歌咏湖光山色的田园诗，崇尚“回到大自然中去”，笔下的大自然都非常的浪漫美好。

爱之降临

啊，爱之初愿对那温柔的心灵多美妙，
就像黄昏时分的第一颗星星，
从丝丝微云中悄悄露脸；
那西南风啊多轻柔，
它掠过柳树成荫的草地，
吹动朦胧的水面，
轻拂色列斯的金色田野（注：色列斯即罗马神话中的谷物女神），
但这怎能比得上爱的甜蜜！
爱来到了农夫的心里，
他激动不已，竟忘记了收刈。

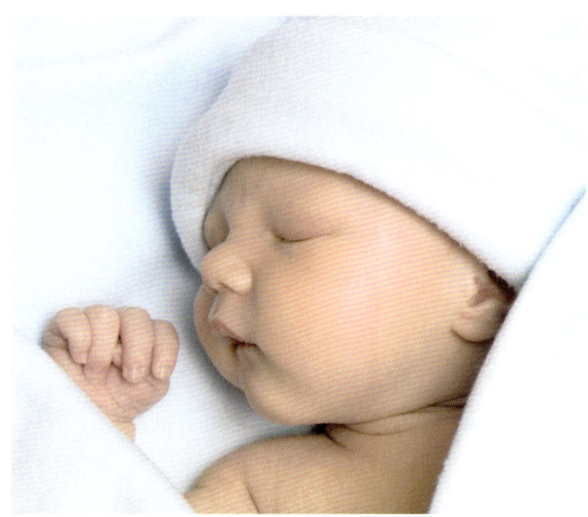

读诗歌《孩童之道》，感受为人父母

孩子为什么会来到这个世界上，成为你的宝贝？泰戈尔的《孩童之道》这首诗将给你一个不一样的答案。

孩童之道

如果孩子愿意，此时他就能飞上天堂。

他之所以没离我们而去，这不是没有原因的。

他喜欢将头靠在妈妈的胸间休息，一刻也不能忍受将视线离开她的身体。

孩子知道各种各样的乖巧话，尽管世间很少有人能理解这些话的含义。

他从来不说，这不是没有原因的。

他想要做的一件事，就是学习从妈妈嘴里说出的话语。那也是为什么他看起来如此天真的缘故。

其实，孩子拥有成堆的金子和珍珠，然而他却像个乞丐一样来到这个世界上。

他之所以以假扮的方式来，这不是没有原因的。

这个可爱的小小的裸露着身体的小乞丐假装成完全无助的模样，便是想向妈妈乞求得到爱的财富。

孩子如此无拘无束地生活在这小小的新月世界里。

他之所以放弃了他的自由，这不是没有原因的。

他知道在妈妈内心小小的角落里充满着无穷无尽的快乐，被妈妈亲爱的臂膀拥在怀里的甜蜜要远远超过自由的获取。

孩子从来不知道怎样哭泣，他居住在完美的乐土上。

他选择了流泪，这不是没有原因的。

尽管他带着微笑的可爱的小脸儿引动着妈妈的心向着他，然而他的因为细小的麻烦引起的小小的哭泣，却编织成了怜与爱双重约束的纽带。

——选自泰戈尔的《新月集》

音乐胎教

斯瑟蒂克：对胎宝宝来说，母亲亲切的语调，父亲低沉的声音，以及美丽的色彩和音乐都是陶冶情怀的最佳因素。在这些具体音、声的基础上，你可以把从抽象的音乐，也就是从某种音乐（或是旋律）中感受到的东西传递给胎宝宝，这在培养他的爱心和情感方面是极为重要和有效的。

歌曲《叫我如何不想她》

这首歌词是五四新文化运动先锋人物刘半农于1920年在伦敦时写的一首白话诗。唱唱这首歌，或者就念念歌词，胎宝宝都会感受到你对他的爱，让他更有安全感。

叫我如何不想她

——刘半农

天上飘着些微云，
地上吹着些微风。
啊！
微风吹动了我头发，
教我如何不想她？
月光恋爱着海洋，
海洋恋爱着月光。
啊！
这般蜜也似的银夜，
教我如何不想她？
水面落花慢慢流，
水底鱼儿慢慢游。
啊！
燕子你说些什么话？
教我如何不想她？
枯树在冷风里摇，
野火在暮色中烧。
啊！
西天还有些儿残霞，
教我如何不想她？

儿歌：《数鸭歌》

这是一首耳熟能详的儿歌。准妈妈在唱的时候，可以想象小鸭子走路的模样，还可以让准爸爸模仿一下，这会让你和胎宝宝更快乐。

数鸭歌（简谱）

（白）门前大桥下，游过一群鸭，
快来快来数一数，二四六七八。
（唱）门前大桥下，游过一群鸭，
快来快来数一数，二四六七八。
嘎嘎嘎嘎，真呀真多呀
数不清到底多少鸭，
数不清到底多少鸭。
赶鸭老爷爷，胡子白花花，
唱呀唱着家乡戏，还会说笑话。
小孩小孩，快快上学校，
别考个鸭蛋抱回家，
别考个鸭蛋抱回家。
（白）门前大桥下，游过一群鸭，
快来快来数一数，二四六七八。

小贴士

在给胎宝宝唱儿歌时，不必担心自己五音不全，要大胆地唱，发于爱的声音就是天籁之音。此外，也可以现学现卖，这种学习的精神还能通过你传递给胎宝宝。

美育胎教

斯瑟蒂克：我给苏珊还讲过有关于日本孩子做的游戏，日本人的节日及春夏秋冬四季的生活习惯。山里的动物、海里的鱼等也都是我胎教的内容，这类题材作为我向苏珊传授知识的视觉教材很合适。

好书《小王子》，给大人的童话

书名：《小王子》

作者：[法] 安东尼•德•圣埃克苏佩里

作者圣埃克苏佩里在献词中说：这本书是献给长成了大人的从前的那个孩子。

安东尼•德•圣埃克苏佩里一生喜欢冒险和自由，是利用飞机将邮件传递到高山和沙漠的先锋。二次大战期间，法国被纳粹占领，他去了美国。1944年他在一次飞行任务中失踪，成为法国文学史上最神秘的一则传奇。

童话《小王子》完成于美国纽约，首版于1943年，距离作者失踪大约一年。在童话中，小王子住在B612号小行星上。有一天他来到了地球。初次登陆，他降落在无边无际的沙漠上，像创世纪的旱地那么凄凉。小王子与飞行员的对话，闪闪烁烁，憨直好笑，默认时羞答答、脸红，生气时金头发在风中乱摇。像每个追梦的人一样，为自己的问题所迷茫时，小王子也常常流露出一种伤感的情绪。

小贴士

将这本童话推荐给准妈妈，在小王子略显忧郁又充满童趣的世界里，相信准妈妈会别有一番感受。

插花让你成为艺术家

插花是一项深受人们喜爱的艺术，不仅可以怡情养性，而且，插花也是一种隐性胎教。准妈妈平和、宁谧的心绪在插花的过程中传递给胎宝宝，让他从小就懂得热爱生活，善于发现生命之美。

ξ 养性怡情的插花艺术

只要肯发挥想象力，你也可以是艺术家。连知名的花艺设计师都认为，家居的花艺布置应该是舒适而随意的。随手剪下几朵喜爱的花朵，巧花心思摆放一下，就能成为最美丽的花艺装饰品。在一个闲适的周末，你不妨准备些鲜花，开始趣味的插花。如在香槟杯中放入白色鹅卵石，加水，然后在杯口边缘参差插入三四朵玛格丽特或太阳花，就构成了如氧气般透明清新的气场，让你的心情飞扬。

ξ 树叶、蔬果也可以用于插花

插花艺术可不仅仅限于花，树叶、蔬果也可以成为准妈妈很好的插花材料。春天发芽的柳枝，夏天郁郁葱葱的树枝，秋天变红的枫叶、银杏叶，都可以插在花瓶里，为房间增添自然之色。准妈妈还可以用颜色鲜艳的蔬果，摆放出喜欢的造型。插花是一门与插花人的喜好和欣赏风格很有关系的艺术，因此准妈妈完全可以根据自己的风格来插出自己的作品来。

闪光卡片胎教

斯瑟蒂克：这些数字卡片、算式卡片、图形卡片以及早晨学习用的字母卡片都可以用来做苏珊出生后的幼儿期的教材，所以必须好好保存起来。

闪光卡片教数字

准妈妈通过深刻的视觉印象，将闪光卡片上描绘的数字、图形的形状和颜色，以及准妈妈的声音一起传递给胎宝宝，这就是联想法。这种方法很适合教胎宝宝学习抽象的数字和算术。

加深想象认识数字

在教数字时，准妈妈集中注意力凝视其形状及颜色，让其在头脑中留下鲜明的印象。

仅仅看还是不够的，比如“1”这个数字，即使视觉化了，对于胎宝宝来说，也是一个极为枯燥的形象，为了学习起来饶有兴趣，窍门在于加上由“1”联想起来的各种事物。如“铅笔”“电线杆”“火柴棍”“英文字母I”等。

另外，准妈妈可以用身旁的具体的物来表示“1”的意思，如一个苹果、一只猫、一个盘子……

在教“2”这个数字时，准妈妈可以想象“浮在水面上的天鹅的倩影”和“发条的一端加上一根横棍儿”的样子，尽可能从身旁的材料中找出适当的例子来。

其他数字准妈妈可以根据数字的特点去尽情想象。

小贴士

胎教成功的诀窍就是将三维要素，即具体的、有立体感的形象而不是平面的形象导入胎教中去，这要求准妈妈能经常开动自己的思维马达，多想象、多琢磨。

第8个月

（29~32周）

斯瑟蒂克说胎教

Sise Dike Shuotaijiao

斯瑟蒂克：作为孕妇，如果在孩子诞生前这一重要时期无所作为，那是多么可惜啊！如果你认为不可思议的话，你可以在生第二个孩子之前尝试一下胎教，被认为是天才的孩子一定是以某种形式进行过胎教的。

准妈妈与胎宝宝的变化

斯瑟蒂克：进入孕晚期，水肿、小腿抽筋、静脉曲张等都是正常现象，几乎是每一个准妈妈都会经历的，准妈妈不要担忧，调整出平和、愉快的心态去积极应对，将让自己的身心更加舒适。

准妈妈：开始进入孕晚期

到了第8个月，准妈妈可能经常会感觉到心慌、气短，活动量一大就会气喘吁吁。这是新陈代谢加快、消耗氧气量加大造成的，是孕期的正常生理现象，不必过分担心。

这时准妈妈的子宫底已经上升到胸部下缘，膈肌和胃部受到压迫，就会出现“烧心”（饱餐之后尤其明显）、食欲不振的现象。孕激素的升高会使准妈妈的消化道肌肉变得松弛，再加上子宫的压迫，准妈妈的消化速度变慢，于是更容易出现腹胀。

准妈妈偶尔会觉得腹部出现间歇性的发硬、发紧现象（一般持续30秒），不要紧张，这是假宫缩，不会引起早产，对怀孕也没有影响。假宫缩和真正的子宫收缩的主要区别点在于：假宫缩没有规律性，出现得很少，发生时肚子不会太疼。

需要注意的是，如果“宫缩”频繁(每小时出现次数超过4次)，即便肚子不疼，也可能是早产的信号，这时要赶快到医院检查。

到了孕晚期，大部分准妈妈会出现睡眠不佳、经常做噩梦的现象。噩梦的内容可能是自己在努力逃避什么，也可能是梦见自己从很高的地方掉下来，这主要是准妈妈潜意识中对分娩和育儿的忧虑造成的。和准爸爸说说自己的梦境，和其他准妈妈交流一下孕期生活，参加孕妇学习班，都可以帮准妈妈放松心情。

胎宝宝：随时“监督”着妈妈

第29周，胎宝宝的大脑发育仍然很快，正在生成数十亿神经元细胞。为了容纳不断增加的大脑细胞，胎宝宝的头部也在增大。由于听觉系统发育得更完善，宝宝对外界刺激的反应更加明显。如果给胎宝宝放音乐听，胎宝宝会对不同的音乐做出不同的反应。

第30周，胎宝宝的眼睛已经能够自由开合，还能分辨出光亮和黑暗。如果用手电筒照射准妈妈腹部，胎宝宝还能够跟踪光源。尽管如此，准爸妈仍不要期待出生后的宝宝是个火眼金睛。一般情况下，刚出生的宝宝只能看到眼前15～30厘米以内的东西，随着日子的推移和不断发育才能看到远处的物体和人。

第31周，随着胎宝宝皮下脂肪的不断蓄积，身体看起来更加充实，越来越接近新生儿出生后的模样。在接下来的几周里，胎宝宝的皮下脂肪还会不断增加，使他的胳膊、腿都变得饱满起来。这时候胎宝宝的内脏器官仍在不断发育和完善，胃、肠接近成熟，已经能够分泌消化液。

第32周的胎宝宝已经能够把头从一侧转向另一侧了。如果准妈妈的腹部受到压迫，或出现子宫收缩，胎宝宝会猛踢准妈妈的肚子表示抗议。由于身体还在长大，胎宝宝在子宫中的活动空间进一步缩小。在这一周里，胎宝宝的体位会转成头朝下。如果准妈妈在这时分娩，胎宝宝在保温箱中的成活率是比较高的。

小贴士

这时的胎宝宝虽然活动较少，但依然可以在妈妈的肚子里自由变换体位，有时头朝上，有时头朝下。大多数胎宝宝最后会因头部较重而自然头朝下进入骨盆。

情绪胎教

斯瑟蒂克：医学证明，母亲的情绪会给胎宝宝带来微妙的影响。当母亲心里感到恐怖、愤怒、不满时，她的血液和体液就会呈酸性，维持健康的体内平衡就会受到破坏，同时这种酸性物质也会流到胎宝宝的血液里。为了使身体维持最有利于健康的酸碱平衡状态，最有效的办法就是经常保持愉快稳定的情绪。

布置婴儿房调节情绪

为宝宝营造一个温馨的婴儿房，会让准妈妈对宝宝的到来充满期待与喜悦。

婴儿房的环境

温度和湿度。宝宝房间的温度以18℃～22℃为宜，湿度应保持在50%左右。冬季可以借助于空调、取暖器等设备来维持房间内的温度。保持室内的湿度是父母常常疏忽的，冬季北方空气干燥，可以在室内挂湿毛巾，使用加湿器等保湿。

通风。婴儿居室不论春夏秋冬，只要天气晴朗，就应每天定时开窗通风30分钟，保持空气清新。通风时把宝宝抱到另外的房间，以免宝宝吹风受凉。

婴儿房布置的细节

天花板。婴儿会花大量的时间望着天花板，因此要将天花板涂上鲜艳的颜色。但是，不要等到最后才涂漆。至少要在入住的前几个月给房间涂漆，这样才能保证有充足的时间让难闻的油漆味散尽。

墙面。婴儿房施工中的材料要采用环保型材料，特别是防水涂料、胶粘剂、油漆溶剂(稀料)、腻子粉等。鲜艳的浅色最适宜婴儿房。黄色、蓝色、草绿，这些天然的颜色对宝宝能起到安抚作用。原始色彩的融入能让整个房间看起来更加生动活泼。

地板。室内避免选用石材地面，以防宝

宝摔倒出现意外。儿童房内不要铺装塑胶地板，市面上的有些泡沫塑料制品(类似于拖鞋材料)，如地板拼图，会释放出大量的挥发性有机物质，可能会对宝宝的健康造成影响。最好选用易清洁的强化地板或免除跌打受伤的软木地板。

饰物。新生儿的视力范围只有20~25厘米，因此最好能在婴儿床和更换尿布区域的上方挂上一些悬挂饰物。饰物的颜色和运动可以提高宝宝对周围环境的注意力。还可以在婴儿床的护栏上装上一面不易摔破的镜子，方便宝宝看到他自己的样子。对于新生儿来说，人的面孔无疑是最令他着迷的。

电器。宝宝的好奇心都很旺盛，待宝宝活动能力增强后，只要墙壁上有洞，或是有突起物，他们都会想伸手抠一抠，动一动。因此，婴儿房里若有插座或电器开关，最好是能让它远离宝宝的视线范围(用家具挡住)，超出他所能够到的高度；若有使用延长线，最好固定在墙边，而不要散落在地面上，也可以买来电源保护器。

做个有心人，备一份小礼物

怀孕过程中，虽然准妈妈很辛苦，但为家庭小成员的到来，准爸爸也为此付出了很多很多，不妨为准爸爸准备一份小礼物。礼物是寄托人们情意的东西，无关是否贵重。礼物也不是生日或结婚纪念日的专属，只要有心，即便是一句简单的话语也暖人心脾。相信收到礼物时，准爸爸展开的笑容也会温暖准妈妈的内心。

小贴士

孕期的一些标志性日子，如末次月经、早孕的确诊日期、早孕反应出现及消失的时间、胎动出现的时间、B超检查的时间、产前检查的时间、预产期等，这些日期都非常重要，是关系到整个孕期的重要标志，准妈妈不但要记在日历上，最好也能记在心里，这有助于了解宝宝的情况。

营养胎教

斯瑟蒂克：每天的早餐总要不同于前一天的，否则，不但约瑟夫会感到厌烦，就是在腹中的苏珊也会丧失好奇心的。如果昨天是海鲜饭，那么今天就是放蘑菇的南瓜汤和奶酪。把做好的东西盛在一个铺着生菜的白碟子里，真是色香味俱全。

减轻孕期水肿怎么吃

孕期发生水肿属于正常反应，这与子宫增大压迫到通往腿部的血管，减缓腿部血液循环有关。孕激素导致钠排量减少，也会加重孕期水肿的症状。准妈妈可以通过适当的运动和饮食调理来减轻水肿。

首先，容易水肿的准妈妈应少吃或不吃难消化和易胀气的食物，如油炸的糯米糕、白薯、洋葱、土豆等，以免引起腹胀，使血液回流不畅，加重水肿。

其次，不要因为水肿减少饮水量。准妈妈每天大约需要摄入2000毫升的水。要知道，大多数孕期水肿可不是因为准妈妈水喝多了。

第三，要保证蛋白质的摄入量（孕晚期需每天摄入100克蛋白质），并适量吃些利水消肿的食物。蔬菜和水果具有解毒利尿等作用，能缓解水肿，建议多吃。常见的利尿消肿食物有芦笋、大蒜、南瓜、冬瓜、菠萝、葡萄、绿豆等。

小贴士

由于钠摄入过量会加重水肿，建议准妈妈控制好食盐的摄入量，不要吃过咸的食物，改吃清淡的食物。孕中、晚期每日的食盐量控制在6克（相当于装满一啤酒瓶盖的量）以内即可。

妊娠高血压疾病的饮食调养

妊娠高血压疾病是一种非常常见、又严重影响母婴健康安全的孕期疾病，以高血压、水肿、蛋白尿为主要症状，严重时会出现抽搐、昏迷甚至死亡，医学上称为“子痫”，主要发生在怀孕24周以后。怀孕32周后是本病的高发期，患妊娠高血压疾病的准妈妈要注意以下饮食原则：

1 妊娠高血压疾病患者因尿中蛋白丢失过多，常有低蛋白血症，因此摄入优质蛋白不可忽视，如鱼、虾、豆类及豆制品。

2 多吃含钾、钙丰富而含钠低的食品，如土豆、芋头、茄子、海带、莴笋、冬瓜、西瓜等。钾盐能促使胆固醇的排泄，增加血管弹性，有利尿作用。

3 控制盐分，摄入过多的钠，会导致血压上升，每日盐量应控制在3～5克以内。含盐量高的食品如肉汁、调味汁、腌制品及油炸食品等都应尽量避免。

4 多吃新鲜蔬菜和水果及富含维生素B、维生素C的食物，维生素与高血压的关系密切，有利于降低血压。

小贴士

降压食物推荐：大蒜、芹菜、荠菜、菠菜、茼蒿菜、胡萝卜、茭白、木耳、西瓜、海带、海参、海蜇、鱼等。

准爸爸胎教

斯瑟蒂克：到了妊娠后期，胎宝宝的感觉系统渐渐发育成熟。胎宝宝对来自外界的父亲的声音、乐器的音响、汽车的马达声及各种声音都会敏感地竖耳倾听。视觉虽然发育比较迟，但也开始成熟起来了。

谅解准妈妈的多变情绪

不少准妈妈在孕晚期情绪特别多变，好像小孩子的脸，一会儿哭一会儿笑，一会儿委屈一会儿淡定，这大多不是由准妈妈本人的意志所能控制的。

孕晚期情绪多变的原因

“我的身体不舒服，又怕流产，对性生活没兴趣，希望丈夫能够理解我，并愉快地与我配合。”

“我心绪不佳时，希望丈夫能在我身边，耐心劝慰我，并多一些时间陪陪我。”

“我分娩后会变得不如以前漂亮了，希望丈夫还能一如既往地爱我。”

“我对分娩开始产生害怕，希望丈夫能理解我的心情，每次陪我一起去医院进行产前检查。”

……

一般孕晚期情绪不稳定有两个原因：

一是生理方面的压力增加。随着胎宝宝体重和个头的不断增加，身体特别是腹部所承受的压力越来越大，不能久站也不能久坐，上厕所的次数特别是夜晚明显增多。躺下起来的频繁动作处处要小心，睡眠很难真正地好起来。

二是心理上的压力。即将到来的分娩对每个初产妇都不容易，没有经历过的事情都是神秘和充满无限遐想的，虽然马上就能见到可爱的宝宝，但随之而来的疼痛还是让人有些担忧。

如何巧妙化解准妈妈的多变情绪

越是临近分娩，准妈妈的情绪就越是变幻莫测，担心的问题一个接一个，心理比较脆弱，可能不顺心时还会发小脾气，这些都是正常不过的。准爸爸需要去包容准妈妈，让她保持一个好的情绪，这对她和胎宝宝的健康都有利，对顺利分娩也有好处。

1 随时递上几句贴心话，如“你受苦了，亲爱的”或“怀孕使你变得更可爱了”等。

2 随时想到，自己是解决妻子不良情绪的一剂良方。

3 不和准妈妈发生争执，尽量抢着做家务，尤其是较重的活儿，意见不一致时，多听妻子的意见，使她的心理得到满足。

4 经常用幽默诙谐的语言，调节准妈妈紧张消极的情绪。如“你总是愁眉苦脸、闷闷不乐，我们的宝宝会挂着伤心的泪珠出来的”；当准妈妈假宫缩肚子疼时，就说“这是咱宝宝给的下马威呀”等。

5 一起学习孕娩知识，很多准妈妈情绪不好是因为担心胎宝宝，害怕分娩。多学习孕育知识，可以对各种情况都有所了解，不至于盲目地担忧。

6 和准妈妈一起为宝宝起名字，探讨未来宝宝的可爱模样，调动准妈妈的母爱情绪。

7 当准妈妈心情不好时，及时开导和安慰她，经常陪她散散步、听听音乐。

小贴士

准爸爸和准妈妈也可以一起看一些诙谐幽默的电影、绘画书等，在皆大欢喜的喜剧体验中，会让你感受到爱的力量，包容的力量，并愿意为彼此做出改变。

语言胎教

斯瑟蒂克：进入妊娠后期以后，胎儿已处于安定时期，你能教的内容是多种多样的。所以外出散步、买东西对母体来说是件非常好的事情。

《池上逐凉二首》

怀孕后准妈妈常常会比以前更容易觉得热了。读读《池上逐凉二首》，感受在水池边乘凉的安逸与闲适吧，这会让你静下心来。

小贴士

夏天准妈妈也是可以吹空调的，不过最好把室内温度保持在26℃～28℃之间，同时注意室内外温度差不要超过5℃～7℃，避免温差太大引起感冒。

池上逐凉二首

（一）

青苔地上消残暑，绿树阴前逐晚凉。
轻展单衣薄纱帽，浅池平岸庳藤床。
簪缨怪我情何薄，泉石谙君味甚长。
遍问交亲为老计，多言宜静不宜忙。

（二）

窗间睡足休高枕，水畔闲来上小船。
棹遣秃头奴子拨，茶教纤手侍儿煎。
门前便是红尘地，林外无非赤日天。
谁信好风清簟上，更无一事但翛然？

《面朝大海，春暖花开》

这是诗人海子的一首诗歌。语言朴素明朗，隽永清新，向我们描述了一个计划中的美好生活场景，以及诗人真诚善良的祈愿。

面朝大海，春暖花开

从明天起，做个幸福的人
喂马，劈柴，周游世界
从明天起，关心粮食和蔬菜
我有一所房子，面朝大海，春暖花开
从明天起，和每一个亲人通信
告诉他们我的幸福
那幸福的闪电告诉我的
我将告诉每一个人
给每一条河每一座山取一个温暖的名字
陌生人，我也为你祝福
愿你有一个灿烂的前程
愿你有情人终成眷属
愿你在尘世获得幸福
我只愿面朝大海，春暖花开

小贴士

读读这首诗歌吧，感受这个尘世的新鲜可爱，感动于诗中充满生机的幸福生活。

音乐胎教

斯瑟蒂克：许多准妈妈可能和我一样，都有过这样的体会，那就是胎宝宝无论在腹中怎么闹，母亲只要一唱摇篮曲，胎宝宝就会安静下来。我想这是因为孩子听到母亲平和声音的缘故，同时，还因为孩子敏感地察觉到母亲对他的一种爱，因而安下心来。

《清明上河图》

洞箫是中国古老的吹奏乐器，用洞箫诠释的写意曲《清明上河图》，更会将准妈妈和胎宝宝带入中国古典氛围，感受宋代时的繁华街景。

《清明上河图》画

《清明上河图》是宋朝画家张择端的传世名画。整幅画宏伟壮阔，真实地描绘了北宋宣和年间汴河及其两岸在清明时节的风貌。《清明上河图》可以分成三个部分：第一部分开卷画是晨曦初露，掩映着几家茅舍、草桥、流水、柳树和扁舟，郊外河边道上一支负重驴队，缓缓走来，行进在城道上。第二部分描写汴河之上交通穿梭往来的繁荣景色：虹桥之上，行人如织，桥下激流之中，船家紧张忙碌，这是画卷的高潮部分。最后一部分描绘市区街景：各行各业，应有尽有，街上行人往来不绝。整幅画将当时的清明时节的风土人情绘形绘色地展现出来。

《清明上河图》曲

这首乐曲就是根据画卷写意而成。洞箫曲清婉悠扬，用旋律描绘画面，让你仿佛看到画中的街道、房舍、行人、商家、船家……音乐壮阔雄伟，旋律优美流畅，意境深长，让你在古典氛围中静静享受音乐的美妙。

欢快的《甩葱歌》，让心情随着旋律舞动

随着一档电视选秀节目的热播，一首歌词不详的甩葱歌因为节奏欢快，很快在观众中流传开来了，相信不少准妈妈听过这首歌，如果没听，不妨下载听一听，心情定会变得欢愉。

《甩葱歌》歌词音译

阿拉嚓嚓拉力拉力令
拉巴力刚丁刚丁刚多
巴巴力巴巴巴力巴力
巴力力力力力力力力 斯挺丁刚多
呀巴令刚丁刚丁阿罗
哇巴巴噜噜噜噜噜噜噜噜跌呀噜
哇令刚令刚丁刚多
哒哒哒哒哒哒嘟嘟跌呀嘟

阿拉嚓嚓拉力拉力令
拉巴力刚丁刚丁刚多
巴巴力巴巴巴力巴力
巴力力力力力力力力 斯挺丁刚多
呀巴令刚丁刚丁阿罗
哇巴巴噜噜噜噜噜噜噜噜跌呀噜
哇令刚令刚丁刚多
哒哒哒哒哒哒嘟嘟跌呀嘟

小贴士

一些欢快的歌曲不仅能迅速让准妈妈唱起来更有感情，情绪更好，胎宝宝一般也更容易接受，准妈妈可以多唱唱这样的儿歌。

甩葱歌源自芬兰

甩葱歌的鼻祖，原版Loituma(原版歌名Dolly Song Leva's Polka Holly)是由来自芬兰的一支演唱团队所演唱，这支乐队有四位成员组成了四个声部，他们的歌曲都是以比较传统的芬兰音乐为主。

乐队主唱Anita Lehtola是一位非常具有声音魅力的女歌手，她经常参加各种世界音乐演出。

这首歌的演唱方式类似于一种芬兰的民间诗歌，其形式是一种反复的，在开头押韵的诗歌形式，由这支乐队演绎出来，清冷而又极具韵味，仿佛把我们带到 一片绿茵之地，辽远而又恰是幻境。

1997年的考斯蒂宁民谣音乐节，Loituma以无伴奏合唱的形式唱了这首歌曲，之后这首歌开始受到大家的注意。

但是，直到2006年以前，这首歌仅局限在芬兰等少数几个欧洲国家为人所知。

美育胎教

斯瑟蒂克：星期六和星期日两天，我一般是不安排教字母和算数的，主要是为向胎宝宝传授自然科学知识而花费整天的时间去散步。有时和约瑟夫一起去植物园和动物园，有时带着炊具去郊外野营，有时去看湖中的野鸭子和天鹅，有时在沙滩上享受日光浴。这对我来说是十分愉快的时光。

名画《折荷图》，感受童趣盎然

这幅画作是丰子恺所作。丰子恺是一位卓有成就的文艺大师，他的漫画多以儿童作为题材，幽默风趣，诗作风格雍容恬静，他主张“沟通文学及绘画的关系”，因而画作中总以诗配画，颇具情趣。我国第一次出现漫画也是始于丰子恺先生。

这幅画，画面中两个小人儿“折得荷花浑忘却，空将荷叶盖头归”，他们身边是简洁明了、安静而不失生机的场景。整个画境童意盎然，宛如初春的小雨，在一阵阵荡漾着乡间泥土芬芳的新春气息中，淅淅沥沥沁人心脾。

小贴士

赏丰先生的儿童漫画，能将准妈妈带入一个充满生活情趣、给人以无限遐想的绝妙美境。相信准妈妈能通过画面走入儿童纯真的世界中，发挥对于胎宝宝美好的想象。自然与淡泊的画境能令准妈妈心绪宁静，这是对胎宝宝最好的胎教。

亲近大自然，进行美的胎教

大自然幽静、清爽、舒适，令人赏心悦目。在亲近大自然的时候，要记得告诉胎宝宝你看到了什么美丽的事情，将内心的感受描述给腹内的胎宝宝，如：深蓝色的天空、翩翩起舞的蝴蝶、歌声悦耳的小鸟、沁人心脾的花香等。让胎宝宝感受到，大自然是我们旷达而亲切的母亲，任何时候，它都是我们心灵的宁静港湾。准妈妈常常亲近大自然，日后胎宝宝也会更宽容开朗，惹人喜爱。

常到附近林间或草地去走走

早上起床后，如果天气不错，不妨到有树林或者草地的地方去散散步，走一走，感受一下一天中大自然带来的最清新的感觉，呼吸一下新鲜的空气。在欣赏秀丽的大自然景色的同时，充足的氧气能使得血液更加新鲜，胎宝宝会像喝足水的庄稼一样高兴起来，就如同他也亲眼看到了美丽的大自然一样。

培养宝宝美的意识

胎宝宝在母体内可以感受到母亲的举动和言行，胎宝宝出生后的性格、习惯、道德水平、智力等各个方面都与母亲有一些关系。母亲对美好的东西有感受，并传递给胎宝宝，孩子就拥有了朦胧美的意识，出生后一般也较其他婴儿聪慧、活泼、可爱，孩子与母亲的关系会因此而倍加亲密，因此，注重对胎宝宝美的教育是必要的。

美是相通的，准妈妈在闲暇时间，可以多欣赏一些具有美的感召力的绘画、书法、雕塑以及戏剧、舞蹈、影视文艺等作品，接受美的艺术熏陶，并尽可能地多到风景优美的公园及郊外领略大自然的美。

小贴士

外出时要记得多带一件宽松的衣服，保暖对孕妇很重要，随身携带一件衣服是个好习惯。

闪光卡片胎教

斯瑟蒂克：为了教字母和数字而准备的“闪光卡片”，每一张都必须用鲜艳的色彩绘制，为了能聚精会神地凝视卡片上描绘的字样、图形，鲜艳的色彩是极其需要的。同时，为使这件工作更容易进行，对于凝重、朴素的环境也不能有丝毫忽视。

做有创意的认物闪光卡片

我们知道，闪光卡片并不仅仅只是胎教用具，花了父母心思的闪光卡片还是绝佳的早教用具，所以闪光卡片的内容不用拘泥于字母、数字、图形、汉字等内容，还可以制作认物的卡片，比如水果、蔬菜、物品、动物、交通工具等，这在宝宝0~3岁期间会非常有用。

ξ 认物闪光卡片的更多形式与做法

如果准爸爸准妈妈有不错的绘画功底，可以用之前介绍的闪光卡片制作方法，绘制出日常生活中常见的物体。比如对比鲜明的四季景色，春天画柳树、夏天画荷塘、秋天画金黄的银杏、冬天画雪人等。想象胎宝宝和自己一道在画，然后一起着色，非常有爱。

假如准爸爸准妈妈更加喜欢使用计算机或者平板电脑等绘制图片，效果也是一样的。要享受绘制的过程，然后将绘制好的图片及文字保存成可以打印的格式，打印纸张的选择也可以多样化，比如相纸、普通纸、硬纸板等。

越来越多的人喜欢拍照，可以将闪光卡片的制作结合拍照来进行。比如细心的父母可以将生活中每天会接触的事物拍出来，比如香蕉、苹果、橘子、米饭、汽车、狗狗、自行车、电视机、冰箱等。拍照不用着急，每天或者每周制作一张卡片都是可以的，可以放在平板电脑、电视机、电脑上和胎宝宝一起看，也可以选择打印的方式。

Part 10

第 9 个月

（33~36周）

斯瑟蒂克说胎教

Sise Dike Shuotaijiao

斯瑟蒂克：胎宝宝在母腹中已经具有记忆能力了。虽然时间还不能确定，但可以说，至少在妊娠八九个月时，作为人用于思考、感觉、记忆的大脑皮质已充分发育成熟了。

准妈妈与胎宝宝的变化

斯瑟蒂克：胎宝宝的脂肪层从本月开始迅速积累，为出生做最后的冲刺准备，准妈妈需要注意饮食均衡，合理摄入营养，避免营养过剩导致巨大儿，不利分娩。

准妈妈：充满期待

到了第9个月，胎宝宝的体重已经达到2千克以上，准妈妈的肚子也跟着进一步长大，高高隆起的腹部甚至使准妈妈看不到自己的脚尖。越来越沉重的腹部使准妈妈的动作变得更笨拙，身体的平衡性变得更差，不但走路、拿东西、干家务时更困难，连要舒舒服服地坐下也开始不那么容易了。身体重心的进一步前移使准妈妈经常腰酸背痛，一不留意就会“闪了腰”，腰椎间盘突出发生的风险也大大增加了。

肚子增大的同时，准妈妈的子宫还在上升。到这个月月末，准妈妈的子宫底将上升到肋骨下缘，紧紧压迫心脏、肺、胃等内脏器官。这会使准妈妈的食欲变得更差，心跳加快，经常感到心慌气短。增大的子宫压迫准妈妈的直肠、膀胱和下肢静脉，以往的便秘、痔疮会进一步加重，尿频重新出现，下肢水肿、静脉曲张继续加重，还可能长出静脉瘤。

由于子宫增大压迫心脏和静脉等缘故，准妈妈的手腕也会水肿。这会增加腕管（手腕内部的骨管道）所受的压力，使手部神经受压，引起手指、手掌、手腕麻木、刺痛、灼痛或隐痛。睡觉时使用夹板或枕头把胳膊撑起来，对减轻手部的麻木和疼痛有所帮助。

身体沉重、疼痛、尿频、睡眠不足……各种不利于休息的因素综合交织，再一次使准妈妈感觉到挥之不去的疲劳。但是这种疲劳和孕早期感觉到的疲劳是不一样的：孕早期疲劳是准妈妈的身体为适应怀孕这一生理变化的结果，此时的疲劳则是各种孕期不适造成的。

胎宝宝：挤眉弄眼的小淘气

第33周的胎宝宝头骨依然很软，并且骨头与骨头之间存在空隙，这使得胎宝宝的头部具有一定的伸缩性，有助于胎宝宝在分娩时顺利通过狭窄的产道。与头骨不同的是，胎宝宝身体其他部分的骨骼已经变得很结实，可以在胎宝宝身体里发挥支撑作用了。

进入34周后，胎宝宝已经完全变成头朝下的体位，为分娩做好了准备。如果准妈妈怀的是第一胎，这时候胎宝宝的头部往往已经进入了骨盆。

第35周的胎宝宝听力已经充分发育，并且对细而高的音调更感兴趣。准妈妈的话语声、钢琴曲、合唱乐曲具有安抚效果。如果胎宝宝因为某种原因表现得很不安，准妈妈不妨试试和胎宝宝说话，或者放一段优美柔和的音乐给胎宝宝听。

36周的胎宝宝仍在快速生长，到了本周，胎宝宝已经完成了大部分的身体发育：他的两个肾脏已经发育完全；肝脏已经能够处理一些代谢废物；脾脏发育完成，并且可以分泌胰岛素了。从这一周开始，覆盖着胎宝宝全身的胎毛和胎脂开始脱落。胎宝宝会将脱落到羊水中的胎毛、胎脂、肠壁上皮细胞、胆汁黏液和羊水一起吞入体内，形成宝宝出生后的第一次粪便——胎便。这时准妈妈子宫内的空间越来越小，从本周开始，胎宝宝的胎动形式会发生转变：由原来的摸爬滚打、拳打脚踢变成轻轻地蠕动、扭动，甚至是抖动。需要注意的是，活动幅度变小不代表胎宝宝的活动会明显减少或停止。

情绪胎教

斯瑟蒂克：我常在风和日丽的下午，到离家不远的小路上散步。这是一条安静的林荫小道。听着啾啾的鸟鸣声，心情变得格外轻松愉快。这时我就能感觉到腹中的孩子好像在很舒服地舒展着她的小身体。

给胎宝宝讲你小时候的事

降生前的最后3个月，胎宝宝不仅能听到人们的讲话声和其他声音，而且还能分辨男性和女性的声音，熟悉与不熟悉的声音。

ξ 给胎宝宝讲讲你的小时候

还有一个多月宝宝就要出生了，他将要开始自己小时候的生活，相信想到这里准妈妈和胎宝宝一定都对这样的生活充满了期待。那些和一大群小朋友一起玩到天黑的日子，那些跳皮筋、丢沙包、跳房子的故事……不妨将你记忆中的这些美好情景讲出来，让胎宝宝也与你一起分享。

ξ 邀请外婆或奶奶一起分享

准妈妈还可以邀请胎宝宝的外婆或者奶奶，为你和胎宝宝讲一讲你或者你老公小时候的事情，很可能你和胎宝宝都会是第一次听到这些事情呢，这会带给你和宝宝很多的惊喜。

小贴士

准妈妈若是语调平和、温暖，胎宝宝会很享受，而当准妈妈和人争吵甚至沮丧时，他也会焦躁不安，甚至用动作来与你一起回应。因此在你“粗声粗气”前，一定要多多留意胎宝宝的感觉。

停止胡思乱想，拒绝产前抑郁

距离临产越近，准妈妈就越会对分娩产生恐惧，要及时调整，以免引起产前抑郁。

ξ 了解产前抑郁

产前抑郁一般表现为容易哭、情绪低落、食欲不振、极度缺乏安全感等。因身体或心理的变化，准妈妈可能会衍生一些与平常心态反差比较大的负面情绪，这就是产前抑郁。生产过程的痛楚，是否会诞下畸形胎儿，是否会难产等，这些都可能成为你担心的因素。

ξ 职场准妈妈更要注意产前抑郁

如果身处职场，相较于全职准妈妈而言，会面临事业和怀孕的双重压力，若是事业心比较重，甚至担心怀孕和生育后身材走样，害怕产后会失去怀孕前的一切，则更容易被产前抑郁所困扰。

ξ 准爸爸要多帮忙

准爸爸要密切关注准妈妈的心理变化，多关心、体贴她，不给她压力，多承担一些家务，让她保持愉快和稳定的情绪。帮助她了解分娩常识，减轻对分娩的恐惧感和紧张感。对于职场准妈妈，更应多沟通，及时排解她的工作烦恼，鼓励她，帮助她保持自信。

要多放松心情

准妈妈要试着及时调节情绪，放松心情，平时适当地进行户外运动，保持充足的孕期营养和休息。

如果身处职场，则应端正自己的认识，多以那些当了妈妈的成功职场女性为榜样，要知道很多妈妈并没有因为怀孕而失去职场地位。

ξ 赶走抑郁的两个秘密武器

1.睡好觉。

2.做到“三个不”，即对今天不生气，对昨天不后悔，对明天不担心。

营养胎教

斯瑟蒂克：中午吃一大盘青菜沙拉和菜谱上定好的菜，午饭后吃一杯浇了蜂蜜的牛奶冻。我总是一边吃一边说："我吃这么多蔬菜是因为要补充大量的维生素，也是为了你的发育。维生素不足的话，身体各部分就不能很好地发挥作用。这种牛奶冻点心是妈妈自己特制的，等你出生后也一定做给你吃。"这时心情是很幸福的。有时候请邻居好友一起用餐，也不失为调节情绪的好办法。

少食多餐保证营养充分

胎宝宝现在长到第9个月了，接下来的日子是生长最快的阶段。在这个时期，母体基础代谢率增至最高峰，胎宝宝的生长速度也将达到最高峰，但由于胎宝宝越来越大，子宫此时已经占据了准妈妈大半个腹部，甚至挤压到胃部，因而准妈妈的饭量会变小，但是营养需求一定要满足，不然会影响到胎宝宝的成长，因此准妈妈的膳食要保证质量，要格外注意营养的补充。

少食多餐，营养有保证

要保证营养需求，结合实际情况，在饮食安排上可采取一日多餐的方式，尽量补足因胃的容量减小而摄入减少的营养，均衡摄取各种营养素，防止胎宝宝发育迟缓。

不过，在充分保证营养需求的同时，也不能每餐均大鱼大肉，过量进补，胃部容量有限是一方面，此外营养过量对胎宝宝的发育也不好，吃饱即可，切莫贪食。

营养重点

现在准妈妈的饮食应以优质蛋白质、无机盐和维生素多的食物为主，如蛋、肉、鱼、奶、绿叶蔬菜等，特别应摄入一定量的钙，同时还应注意补充维生素D，含维生素D的食物有动物肝脏、鱼肝油、禽蛋等。

睡眠不好的准妈妈要改掉的饮食习惯

合理的饮食调理能帮助准妈妈改善睡眠，但若是不小心犯了睡前饮食禁忌，也会扰得准妈妈睡不安稳。所以，准妈妈还需要了解一些睡前的相关饮食禁忌。

1 临睡前吃过多食物：准妈妈的肠胃功能在孕期有所下降，进食过多会加重肠胃负担，导致烧心、消化不良，引起失眠。建议准妈妈晚上吃得简单些，吃饭后至少2～3小时再睡觉。如果需要吃消夜，要选择粥、面包等易消化的食物。

2 空腹睡觉：让胃空着会影响睡眠，实在吃不下东西时，可吃些清淡的零食。

3 睡前喝水：虽然准妈妈需要保证饮水量，但我们不提倡准妈妈睡前喝太多水，以免导致频繁起夜上厕所，打扰睡眠。如果担心饮水量不够，可以在第二天白天多喝几杯水。

小贴士

俗话说，药补不如食补，食补不如心补。每天都怀有愉快的心情，相信自己会拥有一个活泼可爱的宝宝，这是很有效的营养补充。

准爸爸胎教

斯瑟蒂克：约瑟夫任意选择一个题目，并选一本与其有关的画册或其他书来讲。这题目或是冰箱、炉子、洗衣机、洗碗机这类日常家庭使用的器具，或是天然气、电、石油等能源，有时还讲太阳系的构成，航天飞机在开发宇宙方面起了多么大的作用等。约瑟夫所讲的这类知识及其爱好的事物，对我来说也是刺激求知欲的好材料。

准爸爸负重20斤体会怀孕感受

宝宝9个月了，一路走来的幸福与艰辛也许准妈妈的体会更深刻，准妈妈是不是经常抱怨准爸爸不理解她呢？不妨玩一个游戏——换位体验，也亲自体验一下做孕妇的艰辛吧。

换位体验

1 选择一个时间，在家里进行，一些医院或者是准妈妈俱乐部也会组织这样的换位体验活动，如果有兴趣的话，准爸爸和准妈妈也可以报名参加。

2 如果是在家里的话，那么先在腹部绑上一个20斤重的袋子，如果不方便的话也可以在家里找一个枕头大小的重物，用枕头也可，但最好有点重量，这样才能体会得更真切。

3 现在，准爸爸可以让准妈妈指定几件她经常做的事情让你去做，比如打扫一下房间，或者是擦桌子、睡觉等。

4 在游戏的过程中，不要忘了胎宝宝的存在，准爸爸可以邀请他做考官，体验过程中不妨多问问胎宝宝爸爸的表现怎么样，跟他说一说游戏中发生的事情等。

准爸爸胎教：帮准妈妈克服分娩恐惧

不少准妈妈由于没有分娩经验，因此总会有些精神紧张或不知所措，对分娩产生恐惧心理，这种心理对顺利分娩是很不利的。这时候，准爸爸能给准妈妈很大的帮助，尤其是在准妈妈生产前准爸爸能够发挥自己特有的魅力，帮助准妈妈战胜恐惧。

ξ 多了解分娩知识，建立自信

多了解一些分娩知识，然后跟准妈妈讲解，并在她需要的时候给予提醒，告诉她分娩其实是可以控制的，不会出现问题，消除她对分娩的未知感和紧张情绪。此外，准爸爸可以配合准妈妈练习一些分娩技巧，比如生产时的呼吸技巧、用力技巧、吃东西的技巧等，让准妈妈对分娩建立自信。

ξ 发挥爱的力量

爱是准爸爸给准妈妈最大的支持，这虽然不用特意训练，但会融入生活的点点滴滴。准爸爸学会抚摸、拥抱、亲吻准妈妈，学会表达情感，学会赞美，这些可以成为强大的心灵“止痛剂”。

ξ 学会照顾准妈妈

在临产时不忘提醒准妈妈要多喝水，注意排尿，适当走动，帮她打理一些日常琐事。

ξ 心理暗示

准爸爸可以经常带准妈妈去看漂亮健康的小宝贝们，并引导准妈妈想象自己家宝贝的可爱样子，通过各种方式给准妈妈积极的心理暗示，让准妈妈对自己的分娩充满期待，积极的心理因素可让事态向积极方向发展。

小贴士

临产时提前入院对于可能会出现异常情况的准妈妈来说，无疑是最安全、最保险的办法，但是正常情况下还是不宜提早入院待产。医院的医疗设施配备是有限的，不可能像家中那样舒适、安静、方便，入院后较长时间不临产，会有一种紧迫感，准妈妈会更焦虑、更紧张。

语言胎教

斯瑟蒂克：在我上高中的时候，曾看过一个电视节目，给我印象很深。那是记录因纽特人生活的片子，其中就有孕妇对自己腹中的胎宝宝讲话的镜头。也许这是不足为奇的事情，但我却想是否能学因纽特人的样子把大千世界的美好情景告诉我们的孩子。

诗歌：《乘着歌声的翅膀》，向往美好生活

海涅的“乘着歌声的翅膀”大约写于1822年，细细品味这首诗歌，仿佛可以闻到紫罗兰、玫瑰、白莲花的芳香；看到清澈的水波、碧绿的棕榈，月光下的花园，还有那善良的羚羊，心爱的人……这一切都融入歌声里、梦幻中，把人们带到了恬静、纯净，充满诗意的东方。

诗人展开想象的翅膀，畅想印度恒河原野的迷人景色，用淡淡的近乎“水彩”的笔墨，把这个恬静的天地描绘出来，将莲花、紫罗兰拟人化，又给这首诗增添了不少灵气。

迷人的异国情调就像一层轻柔的淡雾，飘逸在诗人所创造的这个神奇的世界里，而且全诗的色调透着一股秀气，像是怕着色太浓而破坏了这和谐里透着的温馨和甜蜜的气氛。诗人这种素雅、宁静的意境里透着的憧憬的甜蜜，流溢着诗人满腔的衷情。

乘着歌声的翅膀

海涅（德）

乘着歌声的翅膀
心爱着的人
我带你飞翔
向着恒河的原野
那里有最美的地方。
一座红花盛开的花园
笼罩着寂静的月光
莲花在那儿等待
它们亲密的姑娘。
紫罗兰轻笑调情
抬头向星星仰望
玫瑰花把芬芳的童话
偷偷地在耳边谈讲。
跳过来暗地里倾听
是善良聪颖的羚羊
在远的地方喧闹着
圣洁的河水的波浪。
我们要在那里躺下
在那棕榈树的下边
吸饮着爱情和寂静
沉入幸福的梦幻。

小贴士

现在医院在给准妈妈拍四维彩超的时候，通常还能给腹中的胎宝宝拍摄并打印照片，有时候医生太忙会忘记提醒你，准妈妈如果想要留下宝宝在腹中的珍贵影像的话，在做检查的时候千万不要忘记了。

音乐胎教

斯瑟蒂克：对胎宝宝来说，母亲亲切的语调、父亲低沉的声音，以及美丽的色彩和音乐都是陶冶情怀的最佳方法。在这些具体音、声的基础上，你可以把从抽象的音乐，也就是从某种音乐（或是旋律）中感受到的东西传递给胎宝宝，这在培养他的爱心和情感方面是极为重要和有效的。

《维也纳森林的故事》

《维也纳森林的故事》是小约翰•施特劳斯继圆舞曲《蓝色的多瑙河》之后的又一部杰作，完成于1868年。小约翰•施特劳斯是地道的维也纳人，《维也纳森林的故事》就是他献给故乡的赞歌。

约翰•施特劳斯的外祖父在维也纳森林中的扎尔曼村拥有一所爬满海青藤的乡间小舍，小施特劳斯就是在这里度过了他的青少年时光。自1829年起，他常在维也纳森林中度夏，林中百鸟啼鸣，空气芬芳，流泉呜咽，微风低吟，这一切大自然的天籁之声都激发了他的创作灵感，《维也纳森林的故事》圆舞曲便诞生了。

这首乐曲由序奏、5个圆舞曲和尾声构成，其结构属于典型的维也纳圆舞曲式，充满着温柔的抒情诗和蓬勃的朝气。

这首乐曲虽没有具体的“故事”情节，但浓郁的奥地利乡村音乐特点，乐曲中直接使用的奥地利民间乐器齐特琴，以及奥地利民间舞蹈连德勒的风格特征，无一处不清晰地打上了鲜明的民族印记，无一处不给人以美丽的维也纳郊外森林的联想，仿佛晨曦透过浓雾照进维也纳森林，还伴随着鸟儿们婉转的鸣叫。

奥地利首都维也纳的郊区有一片美丽的森林，它离城市不远，历来吸引着千千万万的游人。这片森林也是许多居住在维也纳的大作曲家们经常光顾的地方，森林的美景常常激起他们的灵感。

听《晨光》，感受生命如朝阳初洒

《晨光》是由班得瑞乐团所作。班得瑞乐团是一群生活在瑞士山林的音乐精灵，他们是由一群热爱生命的年轻作曲家、演奏家及音源采样工程师组成的团队。热爱生活、热爱大自然让他们心灵纯净，从不因自己制作的音乐被人欣赏而在媒体曝光，一旦开始执行音乐制作，便深居在阿尔卑斯山林中，直到母带成品完成。

置身自然山野中的生活，让班得瑞乐团拥有源源不绝的创作灵感，也拥有最自然脱俗的音乐风格。这首《晨光》排笛与横笛交错吹奏，将日与夜的交替表现得恰到好处，静静聆听下更添空灵之感。

聆听这首曲子会感染于它优美的自然音乐，乐曲中表现的晨光柔和而又充满活力。旭日东升之时，曲中新鲜的朝气将你从梦境中唤醒，加入清新的早晨，你会看到一个格外美好的世界，仿佛眼前有一片享受着晨光的绿油油的麦田，人们正在起床，孩子们正在上学的路上欢唱……

小贴士

优美的旋律一般都会使人心情舒畅，所以选择那些自己真正欣赏与喜欢的音乐，效果才更好。

名曲：《致爱丽丝》，感受浓郁的爱

相传，《致爱丽丝》是贝多芬为其心爱的人所作。整个乐曲仿佛一个少女，单纯、美丽而活泼，洋溢着浓郁的爱慕之情，现在听再合适不过了。

ξ 谁是爱丽丝

《致爱丽丝》这首乐曲是贝多芬在40岁左右时所作，但在他生前未发表，谁是乐曲中的“爱丽丝”呢？有下面几种说法：

女学生特蕾莎•玛尔法蒂。这是贝多芬教的一名女学生，贝多芬教课时对她产生了好感，于是写了这首乐曲送给她。贝多芬去世后，整理这首乐曲出版的人将曲名错写成《致爱丽丝》，流传下来。

女高音歌唱家伊丽莎白•罗克尔。贝多芬也教过她一段时间，两人保持着亲密的友谊。伊丽莎白后来嫁给了贝多芬的朋友，爱丽丝是伊丽莎白的昵称。

富商家的女儿。传说贝多芬12岁时，到一个富商家里去教钢琴，贝多芬非常喜欢这家的女儿爱丽丝，于是在那个时候创作了这首乐曲。

ξ 感受乐曲中的爱

以上说法都具有浪漫主义色彩，都可能是这首乐曲中浓郁的感情的源泉。乐曲的开头，主题活泼亲切，刻画出一个温柔美丽、单纯活泼的少女形象，中间部分色彩略显暗淡，节奏性强，表现了情绪不佳时的少女，最后，乐曲在欢乐明快的气氛中结束。准妈妈从中感受的正是这份感情，并传递给胎宝宝。

小贴士

准妈妈听好的音乐不仅有助于陶冶胎宝宝的艺术情操，而且能让心情更快乐，让胎宝宝拥有一个良好的内环境。

美育胎教

斯瑟蒂克：给孩子描述生活中本来没有的幻想世界以及讲述什么是勇气、正义、友情等，童话和幼儿画册是最好的媒介物。有关世界上的民族和风景、各种动植物、陆海空的交通工具，你都可以使用照片和画册将其形状、性能用你自己的语言讲给胎宝宝听。

做个晴天娃娃，体验手工的乐趣

晴天娃娃是一种悬挂在屋檐上祈求晴天的布偶，传说它能止雨，这也是它得名的原因。

动画片《聪明的一休》中，一休的妈妈给了一休一个晴天娃娃，希望保佑一休平安。晴天娃娃有自己的魅力，只要看到它灿烂的笑容，心情就会不由自主地好起来，它能给人带来快乐。

准妈妈不妨和胎宝宝一起，来做一个晴天娃娃，体验手工的乐趣。这个做法很简单，效果也很不错。

晴天娃娃

晴天娃娃，晴天娃娃，
但愿明天是个好天气。
如果是这样，就给你个金铃铛。
晴天娃娃，晴天娃娃，
但愿明天是个好天气。
如果是这样，就给你美味的菜肴。
晴天娃娃，晴天娃娃，
但愿明天是个好天气。
如果是这样，就和你一起出去玩。

（日本童谣）

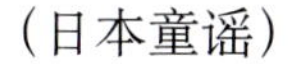

ξ 需要准备的材料

一块正方形的布（可选择自己喜欢的颜色）；一个乒乓球；彩色笔；绳子。

ξ 制作步骤

1.先把布的4个边剪成浪花状，这样制作出的晴天娃娃，更显活泼可爱。

2.把布平铺在桌上，将乒乓球放在布的正中央，抓起布的四角，把球包在正中央，做出头的样子，用绳子系好。

3.接下来给晴天娃娃化妆，用彩色笔画笑眯眯的眼睛、红红的小脸蛋、弯弯的嘴巴，帅气的晴天娃娃就做好了，准妈妈可以把它挂到想挂的地方。

小贴士

准妈妈自制一个晴天娃娃，不仅能给自己带来快乐，也寓意着想要给胎宝宝带来快乐和平安。

简笔画竹子，让情绪宁静

自己动手画一幅Q版的竹子吧，这会让准妈妈的心绪更宁静。

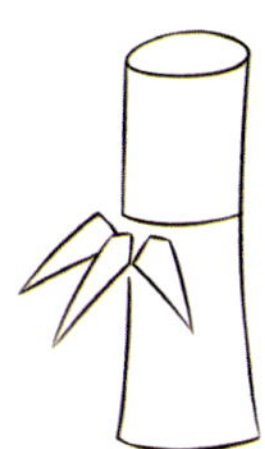

竹子谣

青竹子，紫竹子，圆竹子，方竹子，
竹子做成竹屋子，竹屋里住着竹鸡子，
竹鸡吃着竹虫子，竹虫要吃竹叶子，
竹叶连着竹枝子，竹枝连着竹节子，
竹节里住着鼠子，竹鼠碰着了竹荚子，
竹荚子后面是竹林子，
竹林里有把竹锄子，
我拿竹锄种竹子。

小贴士

准妈妈可以用嫩姜同鲜橘皮熬成汤，具有通气去痛作用。具体做法是姜切成丝，煮5分钟，鲜橘皮洗干净去里皮白丝，放入姜汤内，再煮2分钟，趁热当茶饮。

闪光卡片胎教

斯瑟蒂克：为了使母亲的感觉和思考内容与胎宝宝相吻合，最重要的是保持平静的心情和集中注意力。在学习开始前，我总是把呼吸调整得均匀而平静，然后把要教的内容在头脑中描绘出来。

闪光卡片教算术

准妈妈将每个数字用不同的颜色，写在画纸上，然后展开联想。以数字8为例，准妈妈可以先想象8的形状，像个葫芦，然后联想与8有关的数字，进行各个数字的组合，比如进行加减法运算：4＋4=8，5＋3=8，6＋2=8，8-1=7，8-2=6，8-3=5等。

准妈妈可以假想脑海中有一支可以变换颜色的笔，然后自己正在把这些算式写在纸上。这样做下来，很快就能将运算方式理解得更透彻。

按照上面说的方法，每天教5个数字的加减运算，忙的时候可以只教2~3个。加减法熟悉后，可以再教乘除运算，按同样的方式假想算式，并想象自己正在写到纸上。运算不用太复杂，只要认为能让胎宝宝理解即可。

此外，准妈妈还可以将实物与联想结合起来运用。例如，在一个苹果的旁边再放一个苹果，就变成两个苹果，想象算式“1＋1=2”，再通过视觉将其印在脑子里，同时出声对胎宝宝说：“这里有一个苹果，我再拿一个摆在这里，现在就变成两个了。”

小贴士

联想时，准妈妈要把注意力集中在眼前的物体和算式上，和胎宝宝一起思考，并将思考传递给胎宝宝。与联想结合的实物可以是准妈妈喜欢的任何物体，比如饼干、娃娃等。

第10个月

（37~40周）

斯瑟蒂克说胎教

Sise Dike Shuotaijiao

斯瑟蒂克：可能有人会说“出生只有两三个月的婴儿是不可能听懂大人讲的话的”。可我对此却要回答：请你不要下这样的结论。因为在我对她们讲话、为她们读书时，确实常常看到她们是那么专注入神地听着，并露出愉快安谧的表情。

准妈妈与胎宝宝的变化

斯瑟蒂克：进入了待产期，准妈妈的身体不适和内心的不安都有所加重，坚持住，顺利度过最后一个月宝宝在你腹中的珍贵时光。

准妈妈：孕期即将结束

孕期快要结束了，准爸妈也将升级为爸爸、妈妈，并且要和一个与自己血肉相连的小生命一起迎接以后的岁月，过一种全新的生活，心中滋味如何？

从第37周起，准妈妈会发现假宫缩出现得越来越频繁，持续时间越来越长，假宫缩过程中的不适感也越来越严重。

准妈妈的阴道分泌物也会不断增加。如果发现阴道排出带有血丝的黏液，说明再有一周左右就要分娩了，准妈妈要避免做剧烈活动，并注意观察分泌物的排出情况。如果阴道排出粉红色或褐色的黏稠液体，通常再过24小时就会分娩。如果阴道流出超过平时月经量的鲜血（通常伴有肚子痛），说明即将分娩，一定要马上去医院。

这时大多数胎宝宝头部已经进入骨盆，子宫底有所下降，准妈妈的呼吸会变得比较轻松，“烧心”也会有所好转。但是，胎宝宝下降会给下半身增加压力，准妈妈可能经常觉得下腹部有坠胀感，有的准妈妈连走路都会受到影响。

小贴士

产检，应对不适，准备分娩就医事务，准备宝宝用品……各种事情交织在一起，准妈妈的最后一个孕月将过得紧张又忙碌。抽空和准爸爸创造机会浪漫一下吧（看一部温馨电影，吃一顿烛光晚餐，合着舒缓柔美的音乐跳两圈舞……），毕竟，宝宝出生后你们将有一段时间不能过二人世界了。

胎宝宝：等待第一声啼哭

到了第37周，胎宝宝头已经完全进入骨盆，整个身子倒着蜷曲在准妈妈的子宫里。如果这时出现胎位不正，胎宝宝自行转动恢复正常胎位的可能性就已经很小了。如果出现这样的情况，医生通常建议准妈妈进行剖宫产。

第38周，胎宝宝就可以被称为足月儿了（医学上把胎龄满37周，在第38～42周出生的新生儿称为足月儿；在37周前出生的新生儿称为早产儿；在42周后出生的新生儿称为过期产儿）。现在胎宝宝已经发育完全，能够在子宫外独立存活了。与早产儿和过期产儿相比，足月儿的存活能力更强，各项生理机能运作更好，各种疾病的发生概率和死亡率也更低一些。

第38周的胎宝宝仍然保持着头朝下倒立的姿势。由于已经入盆，胎宝宝的头部已经不能活动，身体的活动幅度也进一步变小，只能在子宫内轻轻地摇摆。

第39周的胎宝宝仍在生长，但是以增加皮下脂肪为主。从现在开始，胎宝宝的外层皮肤开始脱落，取而代之的是柔软光滑的新皮肤。在这一周里，准妈妈需要注意的是避免胎膜早破，即通常所说的早破水。

到了第40周，胎宝宝体内的所有器官和系统都已发育成熟，已经完全准备好降生了。等到分娩结束，小家伙将用嘹亮的啼哭告诉世界：我来了！这时的胎宝宝身体圆润，皮肤红润，头部稍大（约占身体的1/4），脂肪的比例非常大，约占体重的15%，是一个（或几个）柔软、鲜活、给人以无限希望的小宝贝。好好爱他吧！

小贴士

第40周是医学意义上的预产期，即理论上胎宝宝出生的时候。但是，实际上只有5%左右的胎宝宝在预产期内出生，大部分胎宝宝都会在预产期前两周或后两周内出生，这是很正常的。如果到了42周以后还没有临产迹象，准妈妈就需要到医院请医生帮忙，采取催产等措施尽快分娩，因为胎宝宝过熟也会有危险。

情绪胎教

斯瑟蒂克：如果你把注意力集中在胎儿身上，那么你说的话、想教他的东西就一定会被他接受。决不能对他持有毫不负责或是抱怨的态度。

用饮料瓶做花瓶，享受动手的乐趣

准妈妈不妨用家里大大小小的废弃饮料瓶做些漂亮的花瓶。这些美丽花瓶不仅可以让准妈妈和胎宝宝大展插花的手艺，而且还会令母子的心情非常不错的。

材料：饮料瓶，剪刀，瓦楞纸，双面胶。

制作步骤：

1.将饮料瓶沿着中部剪开，形成一个杯子的形状。

2.用瓦楞纸围着饮料瓶，剪出比饮料杯柱体侧面积稍大的一块长方形。

3.将长方形围绕饮料瓶，用双面胶粘住封口，形成花瓶。

小贴士

瓦楞纸可以换成毛毡布料、一次性筷子等。可以将毛毡布料剪成自己喜欢的形状，再对缝起来，形成别致的毛毡花瓶。也可以用细绳将一次性筷子一根根串联起来，形成“竹帘子”，再围在饮料杯上。

了解分娩的好处会让情绪更好

十月怀胎过程虽然辛苦，但在收获可爱宝宝的同时，分娩对准妈妈的身心也有不少好处。

ξ 减少子宫内膜癌发生概率

怀孕期间，由于维护胚胎生存环境“稳定”的需要，子宫内膜也暂停了它的周期性剥脱出血。子宫内膜的上皮细胞在月经周期所必经的“损伤”“修复”“再损伤”“再修复”的过程会暂时停止，发生癌变的机会也同时减少了。

ξ 减少卵巢癌发生概率

怀孕让女性体内产生一种抵抗卵巢癌的抗体，它能有效地阻止卵巢癌的发生。怀孕的次数越多、初次怀孕的时间越早，效果越显著。

ξ 治疗痛经及月经不调

在孕育宝宝的过程中，女性的身体如子宫、乳房会经过一个再次发育的过程，内分泌也能得到自发的调节，痛经和月经不调都会得到改善。

ξ 推迟更年期

孕育宝宝的过程会让卵巢暂停排卵，直到哺乳后的第4~6个月才恢复。这期间，大约有20个卵子推迟了排出时间，这会使卵巢的衰退时间推迟，从而可推迟更年期的到来。

ξ 感觉变得更灵敏

怀孕似乎能提升准妈妈的嗅觉，甚至味觉。当然，这样灵敏的嗅觉在怀孕初期可能会加剧晨起时的恶心感，但到了后期，却会令准妈妈倍加享受各种美味。

ξ 变得更美丽

怀孕期间，绝大多数准妈妈都会变得容光焕发，更加美丽，产前产后的细心调理会让这种美丽一直延续到生产之后。这是因为孕期女性基础代谢会增加，身体的内分泌能得到更好的调节，雌激素水平高，因而皮肤更光洁、弹性更好。

营养胎教

斯瑟蒂克：当烤箱里的烤鸡发出诱人的香味时，我一边美美地品味着那香味，一边对苏珊说："多好闻啊，鸡马上就烤好了。"当我闻到烤好的香喷喷的面包味时，苏珊也一定会通过某个系统接收到这香味的信息。我曾几次提到过这种想法，即胎宝宝的感知力充满着神秘莫测的可能性，并且往往是远远超过人们想象的范围。

临产准妈妈可以吃巧克力补充热量

准妈妈在临产前要多补充些热量，以保证有足够的力量促使子宫口尽快开大，从而顺利分娩。

分娩时可能无法想吃什么就吃什么，我们向准妈妈推荐巧克力，它可以充当"助产大力士"，可以算得上是"分娩佳食"。

一来它营养丰富，含有大量的优质碳水化合物，而且能在很短时间内被人体消化吸收和利用，产生出大量的热能，供人体消耗。

二来它体积小，发热多，而且香甜可口，吃起来也很方便，准妈妈只要在临产前吃上一两块巧克力，就能在分娩过程中产生出更多热量。

据测定，每100克巧克力中含有碳水化合物50克左右，脂肪30克左右，蛋白质15克以上，还含有较多的锌、维生素B_2、铁和钙等，它被消化吸收和利用的速度是鸡蛋的5倍、脂肪的3倍。

因此，准妈妈在临产前可以多备几块巧克力，需要时吃一点，这对母婴都十分有益。

有利于自然分娩补充体力的吃法

临产前正确、健康的饮食是顺利分娩的前提条件。分娩时需要很多能量来使得子宫收缩，能量与饮食密切相关。因此，准妈妈在临产前一定要吃对、吃好。

ξ 合理选择食物

准妈妈在临产前应该吃高蛋白、半流质、新鲜而且味美的食品，可以根据自己的爱好，选择蛋糕、面汤、稀饭、肉粥、藕粉、点心、牛奶、果汁、苹果、西瓜、橘子、香蕉、巧克力、鸡蛋等多样饮食。机体需要的水分可由果汁、水果、糖水及白开水补充。

ξ 规律用餐

准妈妈每日进食4～5次，少吃多餐，既不可过于饥渴，也不能暴饮暴食。

准妈妈用餐不规律，不但对胎宝宝没有好处，对自己更不利。胎宝宝完全依赖准妈妈来获得热量，如果准妈妈不吃饭，胎宝宝将得不到需要的营养。他会吸收准妈妈自身所储存的营养，使准妈妈的身体逐渐衰弱下去。

如果准妈妈不按时用餐，这一顿不吃，下一顿吃得多，那么多余的热量就会转化为脂肪贮存起来，所以准妈妈要避免过饥或过饱，要按时用餐并少吃零食。

ξ 不吃油腻的食品

临产期间，由于宫缩的干扰及睡眠的不足，准妈妈胃肠道分泌消化液的能力降低，蠕动功能也减弱，吃进的食物从胃排到肠里的时间（胃排空时间）也由平时的4小时增加至6小时左右，极易存食。因此，最好不要吃过于油腻的油煎、油炸食品，以免长时间无法消化。

小贴士

有些长辈认为多吃鸡蛋能长劲儿，让准妈妈一顿猛吃十个八个，甚至更多，这是不对的。人体吸收营养有限制，一般鸡蛋每顿1～2个就非常足够了。过多摄入不仅会加重胃肠道的负担，还能引起消化不良、腹胀、呕吐等不良后果。

准爸爸胎教

斯瑟蒂克：到了妊娠后期，胎宝宝的感觉系统渐渐发育成熟。胎宝宝对来自外界的父亲的声音、乐器的音响、汽车的马达声以及各种声音都会敏感地竖耳倾听。视觉虽然发育比较迟，但这时也开始成熟起来了。

帮助准妈妈缓解产痛

子宫开始宫缩后，一阵阵腹痛侵袭准妈妈，会使她难以忍受，心里也很恐惧，身心备受煎熬。准爸爸如果辅助准妈妈采取一些恰当的姿势，可以帮助准妈妈缓解产痛，有助于顺利分娩。

1 在子宫收缩间歇时准妈妈分开脚站立，双臂环抱准爸爸的颈部，头部靠在其肩头，身体斜靠在其身上；准爸爸支撑准妈妈的身体，双手环绕准妈妈的腰部，给准妈妈的背部下方轻柔地按摩。

2 在子宫收缩时准妈妈分开脚站立，准妈妈将自己的身体背靠在准爸爸或陪护者的怀里，头部靠在其肩上，双手托住下腹部；准爸爸的双手环绕准妈妈的腹部，在鼓励准妈妈的同时，不断地与其身体一起晃动或一起走动。

3 在床上或地板上放几个松软的垫子，准妈妈跪趴在垫子上。准爸爸在床的一边，用双手不断地抚摸准妈妈的后背。

4 找一把舒适柔软的坐椅，准妈妈面向椅背而坐，胸腹部靠在有柔软靠垫的椅背上，头部放松地搭在其上；准爸爸在准妈妈身后，一条腿跪蹲下去，并不断地用手按压准妈妈的腰部。

5 准爸爸坐在床上或椅子上，准妈妈趴伏在其大腿上，双手环绕着抱着准爸爸的腰臀部，让其托着自己的身体，给予一些支持。

陪产，做好胎教的最后冲刺

基本上每个自然分娩的准妈妈，都会存在心理障碍，紧张是她们的共同特点，所以当家人，尤其是准爸爸在身边时，对准妈妈的感情、心理都是一种安慰，有利于减轻准妈妈的痛苦，加快产程。同时，目睹宝宝的艰难出生过程，也可以增强准爸爸对家庭的责任感。

准爸爸陪产要做好“心理备课”

准爸爸一定要事先做好分娩的“心理备课”，要认识到，先照料好自己，才能照顾好准妈妈。

1 做好打持久战的准备。别忘了给自己带上干净的衬衣、舒适的鞋、足够吃饱的点心，带上一两本漫画书或笑话书，为和准妈妈的交流预备谈资。

2 熟悉自己该做的事。准爸爸要熟悉自己在产房要做的工作，不能插手医护人员的处理方式，放心让医护人员去做他们的工作。

3 预先心理评估。晕血、心理素质差的准爸爸不宜陪产。如果准爸爸觉得自己心理无法承受分娩时的强烈冲击，那就不要陪产。

准爸爸陪产要做的事情

“开口期”（第一产程）

开口期主要是指准妈妈未上产床前，在家中和待产室中度过的整个待产过程。对初产妇来说，“开口期”可能长达10至20个小时。

1 帮助准妈妈补充一些营养可口的食物以储存体力，用被子和枕头做靠垫，让准妈妈调整到最舒服的姿势，或者带准妈妈就近散散步。

2 在这一时期，准爸爸可以用笑话来缓解准妈妈对产痛的恐惧。

进入待产室之后

这一阶段准妈妈的阵痛感受尚未达到高峰。

1 多准备些准妈妈喜爱的食物，如鸡汤面、花色粥、蛋饺面、乌鱼面等，可以帮助准妈妈有足够的体力面对生产。

2 认真观察子宫收缩与胎宝宝的心跳，了解母体与胎宝宝的状况。可以准备一个本子，记录每小时中出现的阵痛次数和胎心监测结果，提供给护士做参考。

3 协助更换产垫。在待产过程中，护理人员会在准妈妈的臀部下方垫上一层产垫，保持被褥的清洁。在待产过程中，随时可能会出现下体出血或大量流水的状况，准爸爸要及时观察产垫的状况，一方面是提醒护理人员来更换，一方面也是监控产妇是否“破水”。

4 轻轻按摩减痛。有针对性的按摩可以大大缓解准妈妈的痉挛式产痛和坠酸式产痛。准爸爸可以依次按摩准妈妈的脊椎、尾骨、大腿内侧、腹部、臀部、头颈、上臂以及双脚。

“娩出期”（第二产程）

此期从子宫颈口开全到胎宝宝娩出为止，一般平均所需的时间，初产妇约为 2 小时，经产妇约需 1 小时。

1 坚持小范围的按摩。在这一阶段，按摩准妈妈的手和脚，哪怕是单侧的按摩，都能对准妈妈的情绪起到很好的安抚作用。

2 鼓励准妈妈。到这一阶段准妈妈多半在“精疲力竭”地冲刺，因此准爸爸鼓励性的话语必不可少：“我看到宝宝的头了，他想出来！”“还差一点点！你做得很棒！咱们就要成功了”诸如此类的鼓励必不可少。

3 补充水分。在娩出过程中，产妇大汗淋漓，消耗了相当大的体力，准爸爸不妨用棉花棒蘸上开水，擦拭在产妇的双唇上，以补充水分。

“后产期”（第三产程）

后产期是指胎盘娩出的时期，这一时期阵痛已弱，母子平安，准爸爸也可以舒一口气了。

1 拍摄整个迎接新生命的过程。包括剪断并结扎脐带、过磅、护士向产妇展示新生儿性别、护士填写出生卡片、给孩子脚上套辨别卡片、准妈妈欣慰的笑容等，作为日后珍藏的记忆。

2 继续观察陪伴准妈妈。6成以上的产后大出血会发生在产后1小时内。因此，准爸爸继续跟准妈妈到观察室休养并观察约30分钟，预防意外发生，这十分重要。

3 协助哺喂母乳。自然分娩的妈妈，在产后半小时内就会接手照料宝宝的任务。此时她已耗尽体力，可能连把孩子抱过来吸吮母乳的力气也不够了，爸爸可以在一旁协助妈妈哺喂母乳。

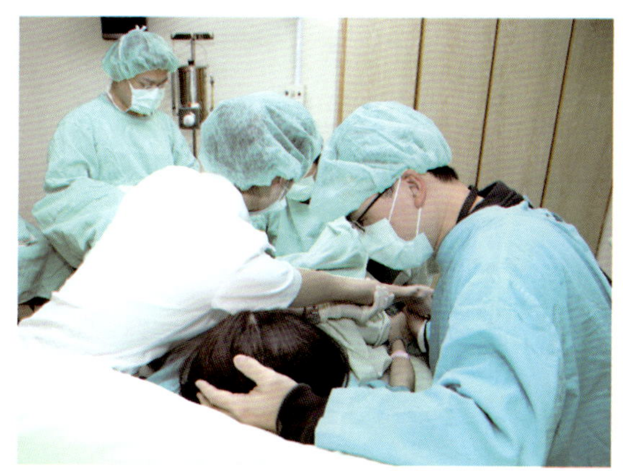

小贴士

有时，准妈妈可能会变得急躁易怒，变化无常。准爸爸不要对此太在意，因为准妈妈只是在对正在经历的疼痛做出反应而已。

语言胎教

斯瑟蒂克：约瑟夫认为标准的发音、正确的遣词用句对孩子的情绪发育以及正确的语言感觉发育都是至关重要的。对胎宝宝也是同样，绝不能轻视腹中的胎宝宝，要推敲自己的语言，像对待一个成年的人一样对他讲话。

诗歌《雪花的快乐》，让情绪更宁静

一朵小雪花悄悄降临人间，它在寻找自己飘落的方向。徐志摩的这首《雪花的快乐》意境非常优美，静下心来，给胎宝宝读读看。

雪花的快乐

假如我是一朵雪花，
翩翩地在半空里潇洒，
我一定认清我的方向——
飞扬，飞扬，飞扬——
这地面上有我的方向。
不去那冷寞的幽谷，
不去那凄清的山麓，
也不上荒街去惆怅——
飞扬，飞扬，飞扬——
你看，我有我的方向！
在半空里娟娟地飞舞，
认明了那清幽的住处，
等着她来花园里探望——
飞扬，飞扬，飞扬——
啊，她身上有朱砂梅的清香！
那时我凭借我的身轻，
盈盈地，沾住了她的衣襟，
贴近她柔波似的心胸——
消溶，消溶，消溶——
溶入了她柔波似的心胸！

——徐志摩

《葡萄园里的珍宝》，父爱一直都在身边

这是一个适合父亲来讲述的故事，当一家人一起出门散步时，准爸爸可以放慢脚步，给准妈妈和腹中的宝宝讲述这样一个故事，告诉宝宝，不管什么时候，爸爸都是爱他的。

葡萄园里的珍宝

在山的南边，住着一个老农夫和他的三个儿子。这个老农夫有一大片的葡萄园，每年都会长许多紫红色、甜美多汁的大葡萄。可是老农夫年纪大了，体力渐渐衰弱，再也不能到园里工作，而他的三个儿子虽然已经成年，却十分懒惰，眼看着园子一天天地荒芜了。

临终前，他把三个儿子叫到身边，对他们说："我的孩子们，在葡萄园里，我埋藏着一批珍宝，你们生活困难时就挖出来补贴家用吧。"说完他就去世了。儿子们见父亲已死，立即找来锄犁，挖的挖，耕的耕，翻土三尺，可是始终也没有找到那批财宝，而整座葡萄园由于他们的耕、挖等于来了一次精耕细作。虽然他们没有找到意外之财，而土地却给了他们奖赏。

第二年，葡萄获得了大丰收，每颗葡萄都圆滚滚的，像一颗颗紫红色的大珍珠发出耀眼的光芒。三兄弟高兴极了，他们把一部分葡萄运到镇上去卖，一部分酿成了葡萄酒，赚了一大笔钱。

"虽然没有找到珍宝，但把园子松了土总是对的！"老三开心地说道。

老二说："现在我总算明白父亲的用心了！其实他是要咱们辛勤劳动，这样才能收获无数珍宝。"

老大感慨地说："你们看，那满园的葡萄不就像珍宝吗，它们是那样的闪亮、美丽！"

——选自《伊索寓言》

音乐胎教

斯瑟蒂克：音乐能培养人丰富的感受性。听着唱片和磁带中的轻音乐度过时光，会使你和胎宝宝的心里充满平和和幸福。

听《彼得与狼》，做个勇敢的宝宝

《彼得与狼》是音乐大师普罗科菲耶夫为了让孩子了解交响乐而创作的，形式新颖活泼，旋律通俗易懂，富有艺术魅力。整个乐曲生动活泼，犹如在你面前展开一幅生动的画。

《彼得与狼》最美妙的地方在于，作曲家通过交响乐队的各种乐器，如弦乐、管乐、打击乐，来叙述童话故事，用不同的乐器来表现不同的人物，故事与音乐融为一体。比如，长笛的高音区表现小鸟的灵活好动，弦乐描绘了彼得的机智勇敢，双簧管生动地刻画出小鸭子那蹒跚的步态，爷爷老态龙钟的神态由大管浑厚、粗犷的声音来表现，狼阴森可怕的嚎叫用三只圆号来体现。

准妈妈们，去听听吧，让胎宝宝跟小鸟、小猫、小鸭子玩玩，并与彼得一起战胜恶狼，做一个勇敢的宝宝。

小贴士

这首曲子最宝贵的是它的思想内容：只要团结起来，勇敢而机智地进行斗争，任何貌似强大的敌人都是可以战胜的。

《打电话》

这是一首很受小朋友欢迎的儿歌，天真稚气的孩子喜欢模仿周围的生活。这首儿歌表现的是宝宝模仿大人打电话，朗朗上口，充满童趣。

打电话

两个小娃娃呀，
正在打电话呀，
“喂喂喂，你在哪里呀？”
“哎哎哎，我在幼儿园。”

两个小娃娃呀，
正在打电话呀，
“喂喂喂，你在干什么？”
“哎哎哎，我在学唱歌。”

小贴士

准妈妈可以和胎宝宝互动来唱唱这首儿歌，想象胎宝宝正在跟你打电话，快乐的游戏与朗朗上口的歌词会让你们合作得很愉快。

美育胎教

斯瑟蒂克：漫不经心地观察事物是不可取的，只有你对看到的东西有感触并充分理解其内容，胎宝宝才能看得见。可以说无论是下午散步还是假日外出，你看到的事物越新奇越令人感动，胎宝宝获取的知识就越多。

名画《音乐课》，感受宁静柔美

这幅画作是莱顿的作品。画面中女教师微微俯身帮助女孩调试琴弦，女孩则依在女教师胸前弹拨着六弦琴；女教师面庞秀美清丽，小女孩天真烂漫，纯真无邪，表情认真，显得十分可爱，这幕普通的音乐课情景，却被画家描绘得极富美感韵味。

这幅画最大的特点是能给准妈妈带来宁静柔和的美感。无论是女教师还是小女孩，都有着让人喜欢的面容。她们身上的长裙，花纹、质地也被画家描绘得十分逼真。衣裙褶纹的复杂与环境的简单对比，这种形式美感能让准妈妈被艺术震撼，相信画面的美丽场景也能感动胎宝宝，高超的画面技巧能对胎宝宝有所启蒙。

小贴士

这一时期，准妈妈要保持乐观的精神状态，全身心地期盼着与胎宝宝见面。尤其是那些高危准妈妈，往往忧虑胎宝宝是否健康，能否顺利分娩，这类准妈妈更加要注意精神调理，多与亲人、朋友、医生交流沟通，放下心理包袱，让自己保持良好的精神状态。

闪光卡片胎教

斯瑟蒂克：我们教胎宝宝的东西涉及各个方面，从英文字母、数数方法、加法、减法，一直到自然界的万物及社会常识。规定自己每天教的字母不超过5个，而且事先准备好用红、蓝、黄色彩笔写好的卡片。

闪光卡片教识字

教胎宝宝识字也是一种行之有效的胎教方法。这种方法对于集中准妈妈注意力，使其通过眼、耳、口、手等器官的刺激，专注、认真地观察、讲解和学习，对胎宝宝起到潜移默化的影响，而且认字能增加胎宝宝的词汇量。有研究证实，胎宝宝日后的阅读能力并不取决于更早的阅读，而是词汇量的多少，词汇量越大阅读能力越好。这个时期胎宝宝学习能力比较强，是教胎宝宝认字的好时机。

准备卡片

准妈妈可以用一些带有底色的纸片，用不同颜色将各种字写在纸片上。卡片的底色与卡片上的字分别要用对比度鲜明的颜色如黑与白或红和绿等，一开始可以教一些笔画简单的汉字，如“人”“山”“大”“日”“月”等，以便于胎宝宝记忆。

ξ 言传身教

准妈妈在教授时应该集中注意力，一边用手描绘字的轮廓，一边准确发音，告诉胎宝宝字的形状、颜色、意义等。比如教“日”时，告诉胎宝宝“日”是指“太阳”，把空中的太阳指给胎宝宝看等。每天抽时间定时并反复地练习，久而久之对胎宝宝识字能力会有所提高。

ξ 学习繁体“爱”字，感受爱的力量

准妈妈将汉字“爱”制成一张卡片，然后一边发音，一边用手指临摹字形，并且将注意力集中在字的色彩上，以加深印象。在这个过程中，准妈妈要保持平静的心情和集中注意力。

在繁体字“爱”中，有一个“心”。成为母亲后，准妈妈会用心为了胎宝宝来安排生活，让他体会到你们对他的深深的爱意。这一切都将给胎宝宝向未来世界迈出第一步的勇气和力量。可以说，你的爱，你用心塑造的安全堡垒，让胎宝宝对你们、对外面的世界产生信赖与安全感，而这正是一个人产生创造力的源泉。

在学习之前，准妈妈应把呼吸调整得均匀而平静，然后闭上眼睛，在头脑中把“爱”的形状反复描绘。“爱”是什么呢？爱是一家人在一起其乐融融的情景、爱是看着宝宝沉沉睡去的模样、爱是妈妈甜美的笑脸……只要是准妈妈能想到的，都可以在脑中重现一遍，让胎宝宝和准妈妈一起感受这股爱的暖流。

ξ 关于母爱，他们怎么说

世界上有一种最美丽的声音，那便是母亲的呼唤。（但丁）

妈妈你在哪儿，哪儿就是最快乐的地方。（英国）

在孩子的嘴上和心中，母亲就是上帝。（英国）

母爱是人类情绪中最美丽的，因为这种情绪没有利禄之心掺杂其间。（法国）

女人固然是脆弱的，母亲却是坚强的。（法国）

没有无私的、自我牺牲的母爱的帮助，孩子的心灵将是一片荒漠。（英国）

小贴士

准妈妈要充满爱心和信心，让胎宝宝感受到爱的暖流。如果准妈妈觉得枯燥，或是感到不自信，这种不良心情会直接影响到胎宝宝，即使坚持教课，也会收效甚微。

Part 12

斯瑟蒂克教你巩固胎教成果

Sise Dike Jiaoni Gonggu Taijiaochengguo

斯瑟蒂克：胎宝宝是有记忆力的，你在怀孕期间教给他的那些知识，包括儿歌、故事、数字和图形，还有听过的音乐，都会在他的大脑中留下记忆。所以，在宝宝出生之后，你所要做的就是继续这种学习，用熟悉的东西唤起宝宝的记忆。倘若你这样去做了，你就会惊奇地发现，早教在你的孩子身上变得很容易。

早教从宝宝出生便开始了

斯瑟蒂克：在胎宝宝出生后第一次教他数数时，如果你把曾用于胎教的实物，再次摆在婴儿面前，这时，婴儿在准妈妈胎内学过的东西，就会逐渐反馈回来，并将做出令你吃惊的反应。

0~1个月新生宝宝的发育

	男宝宝			女宝宝		
年龄	身高（厘米）	体重（千克）	头围（厘米）	身高（厘米）	体重（千克）	头围（厘米）
刚出生时	46.1～53.7 平均为49.9	2.9～4.4 平均为3.6	33.3～35.7 平均为34.5	45.4～52.9 平均为49.1	2.8～4.2 平均为3.5	32.8～35.2 平均为34
满月时	50.8～58.6 平均为54.7	3.9～5.8 平均为4.8	36.7～39.3 平均为38	49.8～57.6 平均为53.7	3.6～5.5 平均为4.5	35.9～38.5 平均为37.2

——身体和体重的数据摘自世界卫生组织儿童生长标准（2006年），头围测量摘自《中国婴幼儿身心成长指南》（1~12个月篇）（2011年）。

胎教成果还需要出生后进行巩固

受过良好胎教的宝宝出生后带有很多的优点，身体健康、智力发育比较快、漂亮、聪明、活泼可爱、可塑性比较强，但是，要达到好的胎教效果，需要坚持，还需要巩固。胎宝宝接受的各种训练，比如英语训练，如果出生后不再坚持练习，胎宝宝很快就会忘记，这样就非常可惜。因此宝宝出生后，妈妈仍然需要重复之前的胎教内容，不要让宝宝把这些美好的记忆忘掉。

宝宝刚出生后是巩固胎教成果的最佳时机。从出生起，只要宝宝醒着，妈妈和爸爸就应该多和他说话，给他读读过的故事，听听过的音乐，以加深他的印象，有助于唤醒宝宝最初的记忆。妈妈要多给宝宝唱熟悉的歌曲，这能令宝宝对妈妈更亲近。还可以把曾用于胎教的实物，比如闪光卡片、玩具等，再次摆在他面前，他在胎内学过的东西，会逐渐反馈回来，并做出反应。

小贴士

新生儿与临近出生的胎宝宝具有相似的能力，可以继续接受胎宝宝时期的学习和胎教训练，还可以接受早教训练。准妈妈和准爸爸除了要做好胎教成果的巩固外，还要着手将早教与胎教衔接起来，为宝宝的培养打下坚实的基础。

早教的重要性

在营养充足时，人的大脑都会自然地成熟（大约6岁就基本成熟），但并不能自然地发达，所以有的人更聪明，有的人更灵秀。为什么人和人之间会有这样的差别呢？因为大脑在发展过程中接受的训练和刺激有很大的差异。

ξ 发达的大脑需要早期教育

大脑的发达除了需要食物营养，还需要丰富的精神营养，科学家们曾做过这样一个实验：

把刚生下的同一窝小白鼠分成A、B两组：A组有吃有玩、有声有光；B组只有吃，与A组食品一样。饲养一段时间后，解剖它们的大脑发现，A组的白鼠脑的分量重、体积大，神经元长得饱满，脑细胞“突触”也非常多，而B组的白鼠则相反。

由此可见，白鼠的大脑生长和发育离不开丰富的精神营养，人是精神动物，更需要丰富的精神生活、心理营养。早期教育的作用正是为宝宝提供听、看、想、做、说等丰富刺激，诱发他用脑的兴趣，这与大脑的发育和发达需要不谋而合。

ξ 早教对孩子的性格、智能发展都有益

如果小羊出生后的几天不在妈妈身边，以后它就不再合群而总是乱跑；如果小鸟出生后的头几周不在鸟群生活，它将永远不能唱出动听的歌声，人类也一样。遗传学家乔治•比德说：“我们也像小鸭子一样，在生命的早期就开始学习了……而且早期学习比我们以前想象的更重要。”

良好的早期教育，包括声音、图画、玩具、游戏等的刺激，可使宝宝的IQ更高，行为更加合理，眼手协调能力更强，听力、语言及阅读能力更高。随着他的成长，可表现出自发性增加，侵略性减少，与伙伴及父母的关系融洽，以及对社会的适应能力更强，身心也更健康，性格也更活泼。

0~1个月宝宝早教能力训练

斯瑟蒂克：根据我们养育4个孩子的经验，可以认为，如果采用胎宝宝容易接受的胎教方法进行教育的话，生出的孩子就具有很好的素养，而这素养能使孩子学会各种本领。在她们出世以后，每当我们教她们什么知识的时候，她们很快就掌握了。好像这些知识只是唤醒了她们在胎内时的记忆而已。

音乐能力培养

斯瑟蒂克：胎教的时候，几乎每对父母首先要选的方式一定会有音乐，但是你是否发现，宝宝出生后，父母却很少选择音乐作为早教的形式……其实，音乐不仅可以起到很好的胎教作用，在早教时，依然有着重要的作用。宝宝在不会说话的时候，也能咿咿呀呀地哼出有节奏的声音，玩具掉落、碰撞的声音都能引起他们的注意，这就是音乐对幼儿的最初刺激。

妈妈可以在宝宝清醒时给宝宝进行听觉训练，训练方法主要有以下几种：

ξ 给宝宝放音乐

妈妈在宝宝清醒时，尤其是在吃奶时，可以放些节奏缓慢、优美的音乐给宝宝听。但注意不要在短时间内频繁更换曲子，而应该在一段时间内只放一首短小、悦耳的曲子，让宝宝经常听。妈妈可每天让宝宝听两到三次音乐，可以增加宝宝的听觉能力和记忆力。

ξ 让宝宝听动物声

新生儿喜欢听八音琴、铃声、动物叫声，每次训练只让他听一种声音，反复地训练听觉。

语言能力培养

斯瑟蒂克：这一时期的宝宝，高兴时会发出咿咿呀呀的声音，虽然这还不能算是说话，却是迈向说话的第一步。

新生儿只能发出细小的喉音，除此之外就是啼哭。啼哭是他的主要语言，所有的表达或要求都以啼哭来达成，所以此时的爸妈要想跟新生儿很好地交流，就要先听懂新生儿的啼哭。

不过必须承认，新生儿已经能注意到别人说话了。当有人在他可视范围内跟他说话时，他会注意到人们嘴部的变化，并偶尔有模仿的行为，这时候他最喜欢温柔的语音。

妈妈可以特意给宝宝进行以下几种训练：

和宝宝说话

宝宝最喜欢听妈妈的声音。妈妈应在日常生活中多与宝宝说话，可以轻声呼唤宝宝的名字，还可结合当时的情景，对宝宝讲一些情景语言。如宝宝吃饭时，可以说："宝宝吃奶，快长大。"宝宝睡醒了，妈妈可以说："宝宝醒了吗？让妈妈看看。"注意，讲话的声音要轻柔，要富有感情。

给宝宝念儿歌

宝宝一般对朗朗上口的儿歌比较容易产生兴趣。妈妈可以经常给宝宝哼哼儿歌，如在哄宝宝睡觉时，或在宝宝醒来时。儿歌容易刺激宝宝的大脑皮层，使宝宝记忆深刻。

认知能力培养

斯瑟蒂克：胎宝宝是有记忆力的，你在怀孕期间教给他的那些知识，包括儿歌、故事、认识数字和图形，还有听过的音乐，都会在他的大脑中留下记忆。所以，在宝宝出生之后，你所要做的就是继续这种学习，用熟悉的东西唤起宝宝的记忆。倘若你这样去做了，你就会惊奇地发现，早教在你的孩子身上变得很容易。

新生儿的视力

对刚出生的宝宝来说，外面的世界是模糊的，因为他的双眼还不能对焦呢！但是，他已经能“看到”光线的变化，并且对光源特别敏感。对黑白对比强烈、亮度高的图案或物品，新生儿会表现出明显的反应。同时，宝宝还很容易注视图形复杂的区域、曲线和同心圆式的图案。因此，对这个月的宝宝来说，最好的视觉刺激玩具，就是各种对比强烈的黑白图形。

看黑白图

黑白图非常适合用来刺激训练宝宝的视觉发育。黑白图图案简单，爸爸妈妈可以直接在A4纸大小的白纸板上，绘上黑白图案，亲自为宝宝做早教用具。

图片距离婴儿眼睛25厘米左右，并要上、下、左、右慢慢移动，不要把图片固定在一个位置上，防止发生斜视或“斗鸡眼”。让宝宝看这些图片时，每次时间不要过久，最好是在宝宝眼前慢慢移动图片，让宝宝眼睛跟着图片转，趁机加强颈部运动，锻炼协调能力。

新生儿的听力

新生宝宝的听觉是很敏感的，新生宝宝喜欢听妈妈的声音，这声音会使宝宝感到亲切。如果在耳边听到妈妈的声音，宝宝的头会转到这个方向来。

摇黄豆游戏

用一个小塑料盒装一些黄豆，距宝宝耳边约10厘米处，轻轻摇动，宝宝的头会转向小盒的方向，有的宝宝还能用眼睛寻找声源，直到看见盒子为止。

妈妈还可以在宝宝醒着时，用亲切、温柔的语调和宝宝说话，也可以给宝宝听一些轻快、柔和的音乐，或者妈妈给宝宝唱儿歌，还可以在宝宝耳边摇动发声玩具，并变换玩具位置，让宝宝追踪声源。

新生儿的味觉和嗅觉

新生宝宝有良好的味觉，从出生后就能精细地辨别食物的滋味。给出生后只有一天的新生宝宝喝不同浓度的糖水，发现他们对比较甜的糖水吸吮力强，吸吮快，所以喝得多；而对比较淡的糖水喝得少；对咸的、酸的或苦的液体有不愉快的表情，如喝酸橘子水时会皱起眉头。

新生宝宝能认识和区别不同的气味。当他开始闻到一种气味时，有心率加快、活动量改变的反应，并能转过头朝向气味发出的方向，这是新生宝宝对这种气味有兴趣的表现。

新生儿的触觉

新生宝宝从生命的一开始就已有触觉，触觉是宝宝安慰自己、认识世界、和外界交流的主要方式。新生宝宝对不同的温度、湿度、物体的质地和疼痛都有触觉感受能力。他们有冷热和疼痛的感觉，喜欢接触质地柔软的物体。

摸一摸游戏

准备各种质地的东西，如木制的拨浪鼓、小毛巾、小西红柿等，把不同东西挨个塞在宝宝的手里，引导宝宝去摸一摸，同时用温柔的声音告诉宝宝这些东西的特点，尽管宝宝听不懂，但他乐意听到妈妈的声音。

在与妈妈的身体接触时，宝宝的触觉也很敏锐，与接触其他东西不同的是，宝宝更喜欢接触妈妈。当妈妈抱起宝宝时，他们喜欢紧贴着妈妈的身体，依偎着妈妈，因此妈妈有机会应多抱宝宝，给宝宝这样的机会。

小贴士

大多数妈妈喜欢在宝宝的床栏中间系一根绳，上面悬挂一些可爱的小玩具，逗引宝宝追着看。这样做可以发展宝宝视觉能力，但如果经常这样做，就会使宝宝的眼睛较长时间地向中间旋转，有可能发展成内斜视，就是俗称的“斗鸡眼”。所以，妈妈应该掌握正确的方法，即把玩具悬挂在围栏的周围，并经常更换玩具的位置。

动作能力培养

斯瑟蒂克：手的灵巧程度从某种意义上取决于大脑的发育程度。而且，宝宝也会非常自觉地发掘自己双手的功能，比如会用手摩挲自己的鼻子、嘴巴或用一只手玩另一只手。这都是宝宝的本能，也是体能发育的基础。父母可以多给宝宝触摸一些有质感的玩具或物体，尽可能多地增加一些锻炼宝宝手部的机会。

新生儿的精细动作能力

新生儿还不会做什么精细动作，整天握着小拳头，用其余四指包着大拇指。由于先天的抓握反射，将东西塞到新生儿手掌里的时候，他会自然将物品抓住。

新生儿有抓握反射能力，可以利用这个能力进行抓握训练，锻炼新生儿的手部力量。当新生儿仰躺时，妈妈可以用手指或环状、细条状的玩具等物品触碰新生儿的手掌，当手掌张开时，就将物品放入新生儿手中，这时候新生儿会握紧。新生儿握紧后，妈妈就把这些物品向外拽，拽出来后再放入新生儿手中，反复玩。

新生儿的大动作能力

新生儿可以伸腿、抬胳膊，但这些都是无意识的动作。新生儿不能随意支配自己的四肢，也不能支配自己的头部。当大人让他面朝下托着他的躯干部分，他的四肢和头部都会自然下垂。俯卧时仅能将头稍微抬离床面，当大人将他竖直抱起时，头也不能保持直立。

社交行为能力培养

斯瑟蒂克：我看孩子们好像很喜欢色彩鲜艳的木制玩具和哗啷棒等，于是，就把这些玩具让她们握在手里玩，果然，她们高兴地笑了。

新生儿有多种情绪、情感，如厌恶、愉快、疼痛等，会用皱眉、噘嘴、微笑等表达。在出生7天左右，还会对一些事情发生兴趣，如果用光线、声音刺激，新生儿会明显集中注意力，表现出自己对这些事物的关注。在出生3周左右，当有人脸或高频声音刺激，新生儿还会出现社会性微笑。

分娩的经历和生活环境的变化让新生儿充满恐惧和不安全感，而新生儿主要的人际关系就是亲子关系，也即新生儿和父母之间的关系。这时候新生儿对父母尤其是妈妈的渴望非常迫切，所以父母要多给新生儿些关爱，让他感觉到安全，以便尽快适应新的环境。

口唇模仿建立安全感

刚出生的宝宝就会吸吮，口嘴的动作比其他部位更灵活，学习各种动作也更快。口唇的模仿能力可以说是宝宝最先获得的一种能力之一。

妈妈和宝宝面对面，做出各种夸张的表情，如张嘴、吐舌头等，让宝宝模仿，边做动作边和宝宝“嗯、啊”地说，宝宝会迅速地学会模仿妈妈的各种动作。

这种游戏，既让宝宝情绪愉快，增进亲子互动，又是一种很好的发声练习，能锻炼宝宝的发声肌肉，同时也锻炼模仿能力。

等宝宝学会模仿妈妈的的口唇动作后，宝宝还会自己跟自己玩。比如有时候你会看见宝宝独自一人将唾液吐到唇边又马上吞回去，这个时候不必管他，宝宝只是在玩耍。